児童家庭支援センターガイドブック

# 社会的養育
# ソーシャルワークの
# 道標

*Hashimoto Tatsumasa*
**橋本達昌**

*Fujii Yoshinori*
**藤井美憲**

［編著］

日本評論社

# はじめに

　"社会的養護から社会的養育へ"　"都道府県から市区町村へ"　"施設から地域へ"
……本書は、このような急激なパラダイムシフトの只中において、新たなフェーズに相応しいファミリーソーシャルワークのあり方を模索するとともに、それを地域において実践していくために至要な体制や装備について検討すべく編まれました。

　まず第1部では、地域の貴重な民間ファミリーソーシャルワーク機関である児童家庭支援センターが、いかなる社会的要請から誕生し、それがどのような経緯によって変革され、そしてこれからどこに向かおうとしているのか（願わくば、向かうべきなのか）を、殊に法制上の変遷や社会情勢の変化に着目しながら記しました。

　このレポートが、良く言えば"百花繚乱"、悪く言えば"てんでばらばら"に進化してきた児童家庭支援センターの現状に統一性をもたらし、ブランディング化していくための一助となることを望みます。さらに言えば、「これから児童家庭支援センターを創設し、本格的に地域支援を展開していきたい」との熱い夢を抱いている社会的養護関係者の方々を勇気づけ、その実現を後押しすることとなれば幸いです。

　続いて第2部では、今後の社会的養育領域におけるソーシャルワークの深化や拡充に必要不可欠なキーワード＝概念や施策、視座＝について、それぞれのワードに絡む分野においてフロントランナーを務めていらっしゃる研究者や実務者の方々から、たいへん貴重なご解説やご提案をいただきました。

　これにより、「パーマネンシー」「家族再統合」「ライフストーリー」「当事者ユース」といった近時注目の概念をより深いところで理解したうえで、「子ども家庭総合支援拠点・要対協（要保護児童対策地域協議会）」「妊娠 SOS 相談・特別養子縁組」「アフターケア・自立支援」「当事者参画」「アドボカシー」といった喫緊の施策課題の大要を確りと把握し、さらには子どもの貧困や孤立の問題に潜む「階層性」や「居場所」といった根源的な視座をも意識して活動し

えるファミリーソーシャルワーカー人材が育成されることを期待しています。

　最後に第3部では、児童家庭支援センターによる相談援助活動等にかかる共通基本機能の説明にはじまり、実際に諸々の業務を遂行していく上での留意点や開設準備時の注意事項、及びその記録方法や（実績報告書作成の際の）統計処理方法等をＱ＆Ａ形式なども用いながらできるだけ簡明かつ詳細に提示するよう努めました。

　なお本章の執筆作業にあたっては、国の実績統計実務に関する考え方との整合性を図る必要がありました。そこで厚生労働省子ども家庭局家庭福祉課の中野孝浩課長にご相談したところ、同課担当スタッフの方々から温かいご協力とご助言を賜りましたことについて、あらためて御礼申し上げます。

　社会的養育の基礎構造改革、なかんずく社会的養育ソーシャルワークの飛躍的拡充は、もはや待ったなしの状況です。そのイノベーションが、私たちの目の前に佇む子どもたちにとって最善のものとなるよう、自らが暮らす地域社会全体に、仲間の輪をひろげ、その力を集め、前に進んでいきましょう。本書がその道標となることを祈念しています。


全国児童家庭支援センター協議会会長
**橋本達昌**

# CONTENTS

資料作成：亀間妙子・瀧川侑磨

# 第2部　社会的養育へのキーワード

## 第3部　相談・支援と運営上の実務───────

# 第1部

# 児童家庭支援センターとは

# 児童家庭支援センターの
# あゆみと展望

全国児童家庭支援センター協議会
橋本達昌

## 1. 現行法制上の位置づけ

　児童家庭支援センター（以下、「児家セン」と記す。但し、固有名詞及び必要性がある場合には「児童家庭支援センター」と記す。）は、社会福祉法第2条第3項において第二種社会福祉事業に位置付けられる児童福祉事業である。また児家センは、児童福祉法第44条の2において「地域の児童の福祉に関する各般の問題につき、児童に関する家庭その他からの相談のうち、専門的な知識及び技術を必要とするものに応じ、必要な助言を行うとともに、市町村の求めに応じ、技術的な助言その他必要な援助を行うほか、第26条第1項第2号及び第27条第1項第2号の規定による指導を行い、あわせて児童相談所、児童福祉施設等との連絡調整その他厚生労働省令の定める援助を総合的に行うことを目的とする施設」と定義される児童福祉施設である。

　児家センが実施すべき事業内容については、児童家庭支援センター設置運営要綱（以下、「運営要綱」と記す。）において、「(1) 地域・家庭からの相談に応ずる事業：地域の児童の福祉に関する各般の問題につき、児童に関する家庭その他からの相談のうち、専門的な知識及び技術を必要とするものに応じ、必要な助言を行う。(2) 市町村の求めに応ずる事業：市町村の求めに応じ、技術的助言その他必要な援助を行う。(3) 都道府県又は児童相談所からの受託による指導：児童相談所において、施設入所までは要しないが要保護性がある児童、施設を退所後間もない児童など、継続的な指導措置が必要であるとされた児童及びその家庭について、指導措置を受託して指導を行う。(4) 里親等への支援：

里親及びファミリーホームからの相談に応じる等、必要な支援を行う。(5) 関係機関等との連携・連絡調整：児童や家庭に対する支援を迅速かつ的確に行うため、児童相談所、市町村、福祉事務所、里親、児童福祉施設、自立援助ホーム、ファミリーホーム、要保護児童対策地域協議会、民生委員、児童委員、母子自立支援員、母子福祉団体、公共職業安定所、婦人相談員、保健所、市町村保健センター、精神保健福祉センター、教育委員会、学校等との連絡調整を行う。」と定められている。

　この他運営要綱には、目的、設置及び運営の主体、設備や職員の配置基準、広報、支援体制の確保や事業の実施にあたっての留意事項など相談支援機関としての設置要件や運営原則の委細が規定されている。

　なお恒常的に繋がりの深い児童相談所との関係性や連携のあり方については、児童相談所運営指針に詳しく示されている。殊に指導委託措置に関しては、「児童相談所長は、施設入所までは要しないが、要保護性がある又は施設を退所後間もないなど、継続的な指導措置が必要とされる子ども及び家庭であって、法26条第1項第2号、第27条第1項第2号による指導が必要と認められ、地理的要件や過去の相談経緯、その他の理由により児童家庭支援センターによる指導が適当と考えられるものについては児童家庭支援センター指導措置を積極的に行う。なお、本措置は、法第27条第1項第3号の措置により、児童福祉施設に入所した子どもの保護者に対し指導の措置が必要な場合にも行うこととする。」と記され、その活用が促されている。

　さらに近年、相談支援体制の充実やネットワーク機能の向上が喫緊の課題とされている市町村との絡みに至っては、市町村児童家庭相談援助指針で「児童家庭支援センターは、24時間365日体制で相談業務を行っていることから、夜間や休日における対応が可能である。市町村は、センターに協力や支援を求めるなど、積極的な活用を図られたい。」と、極めて具体的に言及している。

　2021（令和3）年4月1日現在、児家センは、北海道から沖縄まで全国150ヶ所余りに設置されており、全ての施設がこれら一連の法制を根拠として事業を実施しているが、法令や通知・報告書等（要綱、指針、提言書等）が内包している政策意志を的確に汲み取りながら事業の輪郭を把握し、実践活動に反映していくためには、法令の立法趣旨や改正の沿革、通知・報告書等が発出された経緯や眼目等をより深く学ぶ必要があろう。

そこで本稿前半では、児家センにかかる法令や運営要綱等々の変遷、制度設計の変更を丁寧に辿りながら、その使命や機能の変容に一定の整理や考察を加えていくことで、「児家センとは何か？」という基本命題を紐解く契機としていきたい。さらに本稿後半では、社会情勢の変化や周辺リソースの動向に留意しながら、「児家センはこれから何をなすべきなのか？」という展開可能性を論じることで、その未来図をも素描していきたい。

## 2. 法令や運営要綱等の変遷経過

　そもそも児家センは、1997（平成9）年の児童福祉法改正によってはじめて社会的養護を担う相談支援機関として法制上に位置づけられた。翌1998（平成10）年には運営要綱が制定され、同年、全国6ヶ所で運営がスタートした。当初の運営要綱には、事業内容等として「（1）地域・家庭からの相談に応ずる事業、（2）都道府県（児童相談所）からの受託による指導、（3）関係機関等との連携・連絡調整」の3項目がシンプルに列記されており、創設時は、主に児童相談所の手薄な地域において、そのソーシャルワーク機能を補完する、いわば"児童相談所のブランチ"としての役割が期待されていた。

　その後2004（平成16）年に、児童虐待事案の激増を踏まえ、児童福祉法の大幅改正が行われた。続いて「市町村児童家庭相談援助指針」、及び「要保護児童対策地域協議会設置・運営指針」も策定された。これら一連の変革は、子ども子育て相談の第一義的窓口を市町村業務へと移行し、その責務を明示した点に大きな特徴があった。しかし現実として地域コミュニティに密着し、市民一人一人の細やかな情報にアクセスしやすい市町村が児童家庭相談のインテークを担うことには相応のメリットがある反面、市町村は福祉専門職人材の確保や相談実務経験の蓄積、援助スキルの習得、支援体制の整備等に大きな課題を抱えることとなった。

　そこで要保護児童対策地域協議会（以下、「要対協」と記す。）を基盤とする地域の児童家庭支援ネットワークをより一層実効化し、市町村の相談対応システム総体の更なる機能強化を図るため、2008（平成20）年に児童福祉法の一部改正が行われ、同法第44条の2が定める児家センの定義も現行条文に改められた。これに応じて翌2009（平成21）年には、運営要綱も大幅に改正された。

ところでこの改正で最も注視すべきは、児家センの目的及び事業内容等の条項に「市町村の求めに応じ、技術的助言その他必要な援助を行う」という一文が加えられたことである。このことで児家センが、市町村の児童家庭相談業務が円滑に遂行されるようにサポートする、いわば市町村のバックアップ機関であることがより鮮明となった。

　また同改正では、児家センが扱うべき相談の内容を「母子家庭その他の家庭、地域住民その他からの相談」から「児童に関する家庭その他からの相談のうち、専門的な知識及び技術を必要とするもの」へと変更した点も看過できない。これにより児家センの支援対象ケースは、より高度な専門性や技術力が要求されるケースに特化することとなった。

　このほか同改正では、複雑・錯綜化する相談ニーズへの対応力を強化するため児家センの多様性を尊重し、その設置促進を図るといった観点から施設への附置要件も撤廃された。

　さらに職員の配置基準も、「相談・支援を担当する職員（常勤1名及び非常勤1名）」という文言が「相談・支援を担当する職員（2名）」に、また「心理療法を担当する職員（非常勤1名）」との文言が「心理療法を担当する職員（1名）」に変更された。この人的基準の改正により心理職員配置にかかる補助基準額も相応に改善されることとなり、もって心理療法担当職員の常勤化に道が開かれた点は、児家センの心理的支援機能を向上させたという意味で大きな前進であったといえよう。但し残念ながら、相談支援を担当する職員の配置につき、（常勤1名及び非常勤1名）を（2名）と改めた点に関しては、これに応じた補助基準額の改善は見られなかった。

　総じて2009（平成21）年の運営要綱改正は、児家センが市町村の児童家庭相談支援システムの脆弱性（＝専門職員を配置すること、相談支援経験を蓄積すること、支援を継続することの困難さ）を補い、要対協の有するネットワーク機能を活性化するために、いかに貢献しえるかという視座から敢行された改革であったと見做すことができる。また児家センを単なる児童相談所のブランチ機関から市町村の専門性や技術力を担保するスーパービジョン機関へと脱皮させる改革転機であったともいえよう。

　次いで2011（平成23）年3月30日付の運営要綱改正では、同日に発出された「里親委託ガイドライン」において、里親委託優先の原則が明示されたこと

を受け、事業内容等に「里親及びファミリーホームからの相談に応じる等、必要な支援を行う。」という一文が追加された。この改正によって、児家センには更なるシフトチェンジが求められるとともに、家庭養護の推進に貢献すべき地域の貴重な社会資源としての使命をも帯びることとなった。

## 3.「社会的養護の課題と将来像」による改革提起

　2011（平成 23）年 7 月に取りまとめられた「社会的養護の課題と将来像」は、戦後長年にわたって漫然と続いてきた我が国の社会的養護システムの土台を揺るがせる問題提起であり、全ての社会的養護関係者にとってエポックメーキングとなる提言書であった。

　児家センについても今後の課題として、①施設と地域をつなぐ機関として、将来は児童養護施設や乳児院の“標準装備”としていくこと。その際、利便性確保の観点から、施設と離れた利用しやすい場所に設けることも検討すべきこと。②市町村の子育て支援事業が充実してきたことに鑑み、一般的な子育て相談に近い部分は市町村や他の様々な子育て支援機関に委ねつつ、専門性の高い部分を受け持つ役割を高めていくこと。具体的には、施設入所には至らない前段階での家庭に対する専門性の高い支援、施設退所後の親子関係再構築支援や見守り、アフターケア等、継続的な支援が必要な子どもと家庭について、児童相談所や市町村から委託を受けて支援を行うという役割を充実させていくこと。③児童相談所や里親会、児童養護施設、乳児院などの関係機関との連携を図り、里親等の制度を側面から支える機関としての役割を充実させるとともに、“里親支援機関”としての役割分担を協議し明確化すること。また里親支援機関の中心を担う目的で新たな児家センの設置も考えられること。など大胆な提言が行われた。

　続く 2012（平成 24 年）4 月には、雇用均等・児童家庭局長通知「家庭支援専門相談員、里親支援専門相談員、心理療法担当職員、個別対応職員、職業指導員及び医療的ケアを担当する職員の配置について」が発出され、新たに児童養護施設及び乳児院に里親支援専門相談員（＝里親支援ソーシャルワーカー）が加算配置されることとなった。この新たな専門職の創出は、施設に地域支援の拠点機能を持たせ、里親やファミリーホームへの支援体制の充実を図るとと

もに、施設と里親との新たなパートナーシップを構築することを企図したものである。なお里親支援専門相談員の組織的な位置づけについては、「児童家庭支援センターを附置する施設では、里親支援専門相談員は、センターを兼務し連動する。」と説明されており、このことから里親支援専門相談員の活動は、その誕生当初より児家センの実施する里親支援諸業務との一体性や連続性を前提としていたことが窺える。

2014（平成 26）年に発出された「社会的養護施設における親子関係再構築支援ガイドライン」では、「センターにおける親子関係再構築支援は、『地域からの相談を受け付けて、地域の中で支援が行われる。』という点に特徴がある。」とした上で、児家センによる支援の内容を「①虐待予防としての在宅の子どもと親の支援、②親子分離が必要な時の子どもと親への支援、③親子分離中に家庭復帰に向けて行う親への支援、④家庭復帰後の子どもと親への支援」に分類し、さらにこれら親子関係再構築支援全体を「地域で生活する家族のニーズを評価し、要支援・要保護などの段階、あるいは親子分離する以前及び以後の状況に応じて親子関係の調整、修復、再構築などを目的として行う支援」と定義づけた。

2015（平成 27）年 3 月 20 日に閣議決定された少子化社会対策大綱でも「児童養護施設、乳児院及び児童家庭支援センターなど社会的養護関係施設を地域における社会的養護の拠点とするとともに、里親をはじめとする地域の関係者が相互に連携を図ることにより、社会的養護を必要とする子どもたちを支援する。」と、社会的養護関係施設の地域支援機能の拡張が謳われた。わけても「施策に関する数値目標」として、児家センの設置目標数を 2019（平成 31）年末までに「340 ケ所」と設定したことは特記すべきであろう。


## 4. 2016 児童福祉法等の大改正

厚生労働省は、2014（平成 26）年から 2015（平成 27）年にかけて、「児童虐待防止対策のあり方に関する専門委員会」及び「新たな子ども家庭福祉のあり方に関する専門委員会」を催した。そこでは国・県・市町村・児童相談所・要対協など各機関の役割及び責務の再検討や専門職の配置・任用要件の見直し、民間との協働やアウトリーチ型支援の推進、虐待対策における母子保健の位置

づけ、特定妊婦への保護・支援のあり方、通所・在宅支援における措置のあり方、母子生活支援施設機能の見直し、介入と支援機能の分化、継続的な自立支援や里親・養親支援施策の強化、施設ケアの小規模化と機能の向上、子どもの権利擁護に関する機関の創設、一時保護・アセスメント機能や地域子ども家庭支援の拠点の整備等々、多岐にわたるテーマについて集中審議が行われた。

その結果、2016（平成28）年5月に児童福祉法、児童虐待防止法、母子保健法等の一部改正が行われた。これらの法改正は総体として、①「法理念の明確化」、②「児童虐待の発生予防」、③「児童虐待発生時の迅速・的確な対応」、④「被虐待児童への自立支援」の4項目を改正の主柱としている。親子関係再構築支援や里親・ファミリーホームへの支援、施設退所青年へのアフターケアなどを業務の中核に据えるべき児家センがこの法改正で注目すべきポイントは、特に4つ目の柱である「被虐待児童への自立支援」に関する改正事項に多く見受けられる。

具体的には、①親子関係再構築支援について、施設、里親、市町村、児童相談所などの関係機関が連携して行うべき旨を明確化したこと。②里親の開拓から児童の自立支援までの一貫した里親支援を都道府県（児童相談所）の業務として位置づけたこと。③養子縁組里親を法定化し、研修の義務化、欠格要件等について規定するとともに、養子縁組に関する相談・支援を都道府県（児童相談所）の業務として位置づけたこと。④一時保護中の18歳以上の者等について、20歳に達するまでの間、新たに施設入所措置を行えるようにするとともに、自立援助ホームについて22歳の年度末までの間にある大学等就学中の者を対象に追加したこと。などである。

なお改正法施行にあたっての附帯決議には、「要保護児童対策地域協議会の更なる活用等による関係機関の連携強化を推進すること。また市区町村における支援体制の強化（略）に当たっては、専門人材の確保や財政面の支援等の必要な措置を行うこと（略）」「児童心理治療施設（略）の拡充について必要な措置を講ずること。（略）虐待を受けた子どもが大人になった後も継続的に心のケアを受けることができる仕組みを早急に構築すること。」「（略）社会的養護の対象となった子ども等が自立した生活を送る力を身につけるまで必要な援助を続けるため、措置延長制度や自立援助ホームの積極的活用を図るとともに、児童福祉法が対象とする年齢を超えた場合においても引続き必要な支援を受け

ることができる仕組みを早急に整備すること。」「(略) 里親制度に関する国民
的理解を広げることも含めた里親への支援体制の整備に関する施策について、
更なる拡充を含め検討すること。」「(略) 特別養子縁組の利用促進のために必
要な措置を講ずること。」などが示された。

## 5.「新しい社会的養育ビジョン」と「社会的養育推進計画の策定要領」

　厚生労働省は、2016(平成28)年7月、前述の付帯決議に基づき「新たな
社会的養育の在り方に関する検討会」を設置し、「社会的養護の課題と将来像」
の全面的見直しに着手した。

　総じて改正児童福祉法は、子どもが権利の主体であることを明確にし、家庭
への養育支援から代替養育までの社会的養育の充実とともに、家庭養育優先の
原則を定めたが、これらの理念を具現化するため、2017(平成29)年8月、
検討会は「新しい社会的養育ビジョン」を取りまとめた。

　このレポートでは、「社会的養護の課題と将来像」を契機とした改革取組に
ついて、①施設の地域分散化が進んでいない。②在宅支援の在り方や永続的解
決を担う児童相談所を中心としたソーシャルワークの在り方に言及されていな
い。③一時保護の在り方が提示されていない。④児童心理治療施設や児童自立
支援施設での家庭的環境の必要性が明確になっていない。⑤どのような場合に
施設養育が必要か提示されていない。⑥代替養育種別をそのまま踏襲しており
子どものニーズにあった代替養育の抜本的改革は考慮されていない。などと問
題点を列挙しつつ、その解決策として、①市区町村を中心とした支援体制の構
築、②児童相談所の機能強化と一時保護改革、③代替養育における「家庭と同
様の養育環境」原則に関して乳幼児から段階を追っての徹底、④家庭養育が困
難な子どもへの施設養育の小規模化・地域分散化・高機能化、⑤永続的解決(パ
ーマネンシー保障)の徹底、⑥代替養育や集中的在宅ケアを受けた子どもの自
立支援の徹底などを掲げた。

　「新しい社会的養育ビジョン」で特筆すべきは、「社会的養育の対象児童は全
ての子どもであり、家庭で暮らす子どもから代替養育を受けている子ども、そ
の胎児期から自立までが対象となる」と、社会的養護の裾野を大きく拡げた点
であり、加えて在宅のままで支援していくことが適切と判断される虐待やネグ

レクトのリスクを抱えた家庭など、集中的な在宅支援が必要な家庭への支援を在宅措置として社会的養育施策の一部に位置づけた点である。また里親への包括的支援体制の抜本的強化や永続的解決（パーマネンシー保障）としての特別養子縁組の推進などが重視されている点も進取的である。

　反面、里親委託率や特別養子縁組成立にかかる数値目標、さらには施設在所期間の制限などが荒削りな数字を伴って盛り込まれたことは、多くの社会的養護施設関係者に衝撃を与えた。

　さらに、この「新しい社会的養育ビジョン」での変革提案をできるだけ早期に実現していくために、2018（平成30）年7月、厚生労働省は、「都道府県社会的養育推進計画の策定要領」を発出し、全ての都道府県に対して2019年度末までに推進計画を策定するよう求めた。

　策定要領には、記載事項として①子どもの権利擁護の取組、②市区町村の子ども家庭支援体制構築等に向けた（都道府県の）取組、③里親等への委託の推進に向けた取組、④特別養子縁組等の推進のための支援体制構築に向けた取組、⑤施設の小規模かつ地域分散化、高機能化及び多機能化・機能転換に向けた取組、⑥一時保護改革に向けた取組、⑦社会的養護自立支援の推進に向けた取組、⑧児童相談所の強化等に向けた取組などが記されたが、これにより都道府県には、これまでの地域の実情を踏まえつつも、計画期間中における具体的な数値目標と達成期限を設定し、その進捗管理を通じて取組を強化することが求められた。

　なお「新しい社会的養育ビジョン」や「都道府県社会的養育推進計画の策定要領」の記述には、児家センが今後新たな社会的養育システムの有力な担い手（社会資源）へと進化することへの強い期待が込められていたことも付記しておきたい。

　ところで、2019（平成31）年2月に、国連子どもの権利委員会から出された勧告では、家庭環境を奪われた子どもに関して多岐にわたる指摘が行われた。勧告は、その全体を通して、家庭を基盤とする養育体制の強化を求める文脈となっており、殊に「家庭を基盤とする養育の原則を導入した2016年の児童福祉法改正」を肯定的に捉えた上で、「明確なスケジュールに沿った新しい社会的養育ビジョンの迅速かつ効果的な執行、6歳未満の子どもを手始めとする子どもの速やかな脱施設化およびフォスタリング機関の設置を確保すること」と

明示したことは、その後のビジョン実現に向けた改革遂行にあたって、強力な
後ろ盾となっている。

---

〈参考：「新しい社会的養育ビジョン」より児家センに関する記述を抜粋〉

Ⅲ．新しい社会的養育ビジョンの詳細

1．家庭（代替養育家庭も含む）で生活している子どもへの支援

5）児童家庭支援センターの在り方

　平成28年改正法の施行により、地域においてすべての子ども家庭を視野にポ
ピュレーションアプローチからハイリスクまでの支援を推進することとなってい
る。その中で、児童家庭支援センターは市区町村子ども家庭総合支援拠点と連携
して、里親ショートステイを調整する機能、フォスタリング機関事業の機能や在
宅措置や通所措置の機能などリスクの高い家庭への支援や代替養育後のアフター
ケアなどを担う有力な社会資源になり得る。

　児童家庭支援センターは第2種社会福祉事業であり、一定人口圏に適正配置し
て活用すべきである。そのためには、これまでのように児童養護施設や乳児院な
どに付設する形のみならず、その他の社会福祉法人、医療法人、NPO法人など
が積極的に設置するような施策を立てるべきである。その一つの方策として、設
置に当たっての施設整備費の充実、職員配置数の増加、相談・支援の内容や実績
に応じて適切な収入が得られるよう、機能に応じた仕組みを導入すべきである。

---

〈参考：「都道府県社会的養育推進計画の策定要領」より児家センに関する記述を
抜粋〉

（3）市区町村の子ども家庭支援体制の整備等に向けた都道府県の取組

②児童家庭支援センターの機能強化及び設置促進に向けた取組

・児童家庭支援センターの機能強化の計画及び設置に向けた計画（設置時期・設
置する地域）を策定すること。

（計画策定にあたっての留意点）

・児童家庭支援センターが地域支援を十分に行えるように、その地域及び配置な
どを考慮して、市区町村子ども家庭総合支援拠点の機能を担ったり、フォスタリ
ング機関としての機能を担うなど、機能強化を図ること。

---

## 6. 子どもの貧困対策や地域共生社会施策とのリンケージ

　2015（平成27）年6月、国は「貧困の連鎖によって、子ども達の未来が閉ざされることは決してあってはならない」との強い決意のもと、「子どもの貧困対策の推進に関する法律」を制定するとともに、その翌年には「子どもの貧困対策に関する大綱」を策定した。

　さらに2019（令和元）年6月には、「子どもの将来だけでなく現在の生活に向けても対策を推進すべきこと」、「基本理念として子どもの最善の利益が優先考慮されること」、「市町村が子どもの貧困対策に関する計画を策定すること」等を明記した同法の一部改正が行われた。加えて国は内閣総理大臣をトップとする「子どもの貧困対策会議」を開催して、新大綱の作成に着手し、2019（令和元）年11月、「〜日本の将来を担う子供たちを誰一人取り残すことがない社会に向けて〜」とのサブタイトルを付した新たな「子どもの貧困対策に関する大綱」を発出した。

　新大綱には、基本方針として貧困の連鎖を断ち切り、全ての子どもが夢や希望を持てる社会を目指すことを掲げるとともに、親の妊娠・出産期から子どもが自立するまで、切れ目のない支援体制を構築し、支援が届きにくい家庭にも配慮した対策を推進することなどが記されており、とりわけ新大綱「第4 指標の改善に向けた重点施策」の「2 生活の安定に資するための支援」の「(7) 支援体制の強化」に、「児童家庭支援センターが地域支援を十分に行えるように、その地域及び配置等を考慮した機能強化を図る」と、児家センの相談支援機能の強化について具体的に言及されていることは注目に値する。

　子どもの貧困問題の緩和・解消は、喫緊の課題であり、既存施策＝2015（平成27）年度より実施されている生活困窮者自立支援制度や2017（平成29）年よりスタートした社会的養護自立支援事業等＝の成果を丁寧に精査・検証した上で、その連鎖の根源にある階層性にも切り込むような、さらなる具体施策の展開が待たれている。

　また国は、「地域共生社会」（＝制度・分野ごとの「縦割り」や「支え手」「受け手」という関係を超えて、地域住民や地域の多様な主体が「我が事」として参画し、人と人、人と資源が世代や分野を超えて「丸ごと」つながることで、住民一人ひとりの暮らしと生きがい、地域をともに創っていく社会）の実現に

向け、2019（令和元）年5月に「地域共生社会に向けた包括的支援と多様な参加・協働の推進に関する検討会（略称：地域共生社会推進検討会）」を設置して議論を深め、2020（令和2）年6月には、社会福祉法の一部改正に至った。

　これを受け2021（令和3）年4月からは、"8050世帯"、"介護と育児のダブルケア"、"ごみ屋敷"など、地域住民の複雑化・複合化した支援ニーズや、既存の施策体系では解決できない関係性の貧困、狭間のニーズに対応する包括的な支援体制を構築するため「重層的支援体制整備事業」が施行されることとなり、この事業を実施する市町村は、「断らない相談支援体制」を確立し、「参加支援（つながりや参加の支援）」や「地域づくりに向けた支援」を一体的に実施することとなった。

　なおこの事業では、すべてのフェーズにおいて継続的な伴走支援や多機関協働による支援が強く求められており、アウトリーチ型の伴走支援や多くの関係機関との調整・連携を得手とする児家センが手掛けてきた支援実践とのオーバーラップが期待されよう。


## 7. 指導委託への傾注と里親養育支援の充実に向けて

　2016（平成28）年より、児童家庭支援センター運営費補助金が「相談実績に応じた補助方式」＝前年度の年間相談件数の多寡により、当年度の運営基準額が変動する方式＝に変更された。さらに2019（平成31）年からは、訪問相談を行った場合の活動実績評価が従前の倍に引上げられた。（具体的な作業としては、訪問相談件数につき、実際の稼働数を2倍して算定することとなった。）これらは児家セン創設以来初となる大規模な交付方式の変更であった。

　また指導委託についても、2016（平成28）年9月1日に「指導委託促進事業実施要綱」が発出され、1件の委託につき年間10万円余の費用が交付されることとなった。さらに2019（平成31）年からは、（年間10万円余であった費用が、）月10万円余となり、前年比で12倍という比類ない大幅改善が図られた。

　なお指導委託促進事業の目的は、「専門性を有した民間団体を積極的に活用することにより、児童虐待の発生予防の充実を図るとともに児童虐待発生時の迅速・的確な対応を行う体制の強化を図ること」とされており、かかる補助額

の画期的改善は、前述の運営費の補助方式変更（児童家庭支援センター運営費補助金が相談実績に応じた補助方式に改められたこと、殊に訪問相談活動の実績評価が引き上げられたこと）と併せて考えると、児家センのアウトリーチ機能に対する大きな期待の表れといえよう。

　指導委託実践が、児家センの財務状況をダイレクトに改善するという点はもとより、児童相談所からの委託依頼数が、当該児家センに対する評価の指標でもありうるという点を鑑みると、今後各児家センは、指導委託を獲得し、指導実績を積み重ねていくことに傾注すべきであろう。

　但し残念ながら各都道府県等における現状は、（これが裁量的経費であるがゆえに予算枠との絡みから、）委託費の値切りが一方的に行われたり、委託期間の短縮が安易に行われたりするなど極めて不適切な運用が横行しており、支援現場からは、運用実務の改善（とりわけ 18 歳到達後も指導措置の継続を可能とする要綱改正）や義務的経費化が強く要求されている。

　また 2018（平成 30）年、厚生労働省は、「フォスタリング機関（里親養育包括支援機関）及びその業務に関するガイドライン」を発出、翌 2019（平成 31）年には、里親委託を推進し、一貫した里親支援及び養子縁組に関する相談支援を総合的に実施するため、「里親養育包括支援（フォスタリング）事業実施要綱」を発出した。これら一連の通知により、「里親制度等普及促進・リクルート事業」、「里親研修・トレーニング事業」、「里親委託推進等事業」、「里親訪問等支援事業」など、個別の事業スキームが整理されるとともに、フォスタリング業務を包括的に遂行していくための指針が具体的に示された。

　今日いずれの都道府県においても、フォスタリング事業を展開していくための体制構築は最重要課題となっている。また民間機関の活用促進による一貫性の確保やチーム養育の確立に重きを置いた両通知を吟味すれば、今後一層、児家センには、フォスタリング事業への能動的な関わりと家庭養護推進への実際的貢献が求められよう。


## 8. 基礎自治体とのパートナーシップの強化に向けて

　ところで既述した 2016（平成 28）年の母子保険法、児童福祉法の一部改正は、市町村に対し児童虐待防止・要保護児童対策機関としての更なる進化を要請し

た。詳細に言えば母子保健法第22条によって、市町村には妊娠期から子育て期まで切れ目のない支援を提供する「子育て世代包括支援センター」（法律上は「母子健康包括支援センター」）の設置に向けた努力が求められ、同時に児童福祉法第10条の2により、市町村には児童虐待発生時において迅速・的確な対応を可能とする「子ども家庭総合支援拠点」を整備することも求められた。

　加えて2020（令和2）年春のコロナ禍において、厚生労働省は、市町村に対して既設の要対協の事業スキームを活かしながら、「子どもの見守り強化アクションプラン」（支援対象児童等見守り強化事業）を実施するよう緊急要請した。

　これは、学校休業や外出自粛が長引くことによって児童虐待リスクが高まっている実情を愁い、子ども食堂や子育てひろば等の民間団体をはじめとする様々な地域ネットワークを総動員して見守り支援を行っていこうとする目論見であった。より詳細に記せば、地域ネットワークのメンバーが、要対協の支援対象児童等として登録されている子どもの居宅を訪問するなどして家庭状況の把握や食事の提供、学習・生活支援等を行い、これによって見守り支援体制の強化をはかるものであり、市町村に対し民間団体等との親密な連携や情報共有を強く促す内容となっていた。

　そのような社会情勢の中で、児家センには自らの実践とその成果を市町村関係者に知悉してもらい、市町村との間で強力なパートナーシップを築いていく必要があろう。具体的に言えば児家センは、自らの強み、すなわち児童虐待対応に関し、高い専門性や技術力、経験の蓄積があること、及び24時間365日の支援体制のもと、民間事業者ならではの柔軟性や迅速性を備えていること、並びに日常的に地域コミュニティに入り込んでおり機動性や俊敏性に秀でていること等、機能的メリットを積極的にアピールして、要対協・地域ネットワークの機能強化に資する事業を獲得したり、その調整機関業務に直接的にコミットしたり、さらには市町村が子ども家庭総合支援拠点を創設して展開を図らんとしているファミリーソーシャルワークの一翼をも担っていくべきであろう。

　おそらくこのような児家センの挑戦と成長は、これまで「虐待を伴う重篤な要保護ケース ⇒ 親子分離 ⇒ 施設養護」をメインルートとして狭隘に設計されていた社会的養護制度の守備範囲を、要支援家庭ケースや生活困窮家庭ケース、特定妊婦や成人後の青年層にまで拡大させるとともに、施設ケア中心の保護・収容パラダイムシステムから、地域在宅ケアを核とする新しい社会的養

育システムへの構造転換をいざなうこととなろう。

　一方ここで、我が国の基礎自治体全体の約84％を占める人口10万人未満の市町村の実態＝これらの自治体における児童相談支援業務は、長らく非正規職員が担うべき周辺業務として軽視されてきた事実＝についても触れておきたい。

　相談支援業務が周辺業務として軽視されてきた背景について、地方自治総合研究所の上林陽治研究員は、①（相談支援業務は）法律行為ではなく事実行為であること、②行革圧力・公務員定数管理上の問題から非正規職員の配置が前提であったこと、③ケア的・家事的公務は女性向きのパート労働という認識が公務職場の常識となっていること、④職務無限定で配転異動を命じられる者が評価される公務員人事制度において職務限定の専門職は相容れない存在であること等を挙げているが、これらは小規模自治体公務職場の普遍的かつ根源的な命題であり、一朝一夕に解決できる問題ではない。

　そこで児家センへの業務委託等が検討されるわけだが、この選択も相応のリスクを孕んでいる。一例を挙げれば、行政機関から民間機関への業務委託を行って公共サービスを外部化したとしても、実際には事業者選考、契約、評価、監査などペーパーワークにかかる労力や費用が膨大となってしまうといった危惧やサービスの外部化により内部にノウハウや経験知が蓄積されないがゆえに、やがてはサービスを適切に管理・チェックできなくなってしまうとの懸念が、実際に地方行政機関で働いている実務者やその労働組合、地方自治行政施策の研究者等から上がっている。

　また今日、社会的養護施設関係者サイドからも、児童相談支援に関わる行政職員の現実として「過去、地方自治体が福祉施設を直営していた頃とは異なり、現場で社会的養護の子どもを実際に養育した経験が乏しく、子どもに寄り添った支援が困難となっている」等の批判も聞こえてくる。

　それゆえ、子ども家庭支援業務の一部委託にあたっては、決して単純なコスト論に陥ることなく、しかも下請けや丸投げといわれる従来の在り方とは一線を画した協業、ないしは「協同労働」に類似した対等で一体的な運営を心掛けるべきであり、加えて人材育成の観点にも配慮が必要といえよう。

　具体的には、互恵的な役割分担や統合的なミッションを明確化し、それを丁寧に確認し合ったうえで、要対協スキーム等を活かした意見反映・情報共有の恒常化や共同調査研究、共通研修、官民人材が合同してのアウトリーチ支援を

実施していくべきであろう。さらに行政機関（児童相談所、及び市区町村子ども家庭総合支援拠点）実務者と民間機関（社会的養護施設や児家セン）実務者との定期的な人事交流等により、ケアワークやソーシャルワークの作法や判断基準、職業倫理等を共有すべきである。また自治体内部にあっても、委託先にとって最適なカウンターパートとなれるよう、精鋭の福祉保健専門職集団を形成していくことが求められよう。

## 9. 子どもの権利擁護、アドボカシー施策の進展に向けて

わが国が 1994（平成 6）年に批准した「児童の権利に関する条約」（子どもの権利条約）は、「生きる権利〔生存〕」、「育つ権利〔発達〕」、「守られる権利〔保護〕」、「参加する権利〔参加〕」を 4 本柱として掲げているが、わが国では児童福祉行政・教育行政いずれの分野においても、長らく「参加する権利」、とりわけ権利行使の主体者としての意見表明権は看過されてきたといって過言ではなかろう。

しかし 2016（平成 28）年の児童福祉法改正によって、子どもの権利主体性が明確となったからには、一段と参加する権利に焦点を当てた実践が必要となろう。

さらに 2018（平成 30）年に発出した「都道府県社会的養育推進計画の策定要領」に、以後必ず展開すべき社会的養護施策の一つとして、「当事者である子どもの権利擁護の取組（意見聴取・アドボカシー）」が挙げられた。特に策定要領のポイントとして、（社会的養護の施策を検討する際には、）「当事者である子ども（社会的養護経験者を含む。）の複数の参加を求めること」および「第三者による支援により適切な意見表明ができるような取組を行うこと」と明記されたことは画期的であった。

また 2020（令和 2）年 11 月には、「社会的養護経験者全国交流集会」が当事者活動を行う 8 団体による実行委員会により開催された。この集会は今年度より厚生労働省の後押しを受けるようになったことで大規模なイベントとなり、オンラインも含め当事者ユースら 150 人以上が参加した。

なお 2020（令和 2）年 12 月 4 日に開催された厚生労働省子ども家庭局の「子どもの権利擁護に関するワーキングチーム」では、同省虐待防止対策推進室か

らの要請に応じるかたちで、キッズ・ケア・センター（熊本県）の久佐賀眞理センター長が、全国の児家センを代表して子どもの権利擁護に関する実践報告を行った。

　思うに子どもの権利擁護や多様性・寛容性に満ちた地域社会づくりに果たす児家センの役割は決して小さくない。それゆえ今後児家センには、当事者ユース＝社会的養護施設出身者等＝が集い、繋がり合う場としてのネットワーク形成に向けた事業をはじめとする当事者運動への側面的支援が求められている。また地域の貴重な子どもの人権保障機関として、(外国籍児童の増加を踏まえた)多文化共生施策や性的マイノリティ・LGBT施策などダイバーシティの推進、いじめや差別、分断のない子ども社会づくりへの貢献も期待されている。

　さらに中長期的な制度設計課題としては、当事者自身のおもいをど真ん中に据えた、いわば"当事者主義"のケアマネジメントシステムの創造に向けた努力も望まれよう。加えて各々の地域コミュニティにおいては、子どもの権利条例の制定や子ども施策にまつわる当事者参加・意見表明権の保障、アドボカシー制度の確立等にかかる議論やソーシャルアクションをリードしていくことも希求されよう。


## 10. チェンジメーカーが生み出した新たな潮流から学ぶ

　近年、子どもの貧困とその連鎖、格差の拡大と固定化、(地域コミュニティからの)孤立・排除・漂流など、子どもを取り巻く社会政策課題への市民的関心が高まるにつれ、生活保護ないし生活困窮状況にある児童への学習支援活動や進学援助の取組、学校中退や早期離職によってニート・引きこもり状態となった青年や若年刑余者の再チャレンジを支援するためのシステム構築、病気療養中の家族等を介護しているヤングケアラーを支援するための集いの場づくり、(ひとり親家庭の子どもたちの孤食・欠食問題に端を発する)「子ども食堂」を典型例とする子どもの居場所づくりなど、市民自治力を活かしたソーシャルアクションともいうべき地域福祉活動が盛んになってきている。

　一方、マクロの視点から、我が国の地域福祉システムも地域共生社会やSDGs（＝誰一人取り残さない持続可能で多様性と包摂性のある社会）の推進に向け、大きな転換期を迎えており、地域の貴重な子どもの人権保障機関であ

る児家センが、これにどう応えていくかが問われている状況にある。

　一例として、すべての社会福祉法人には、2016（平成28）年の社会福祉法改正を契機に、地域公益取組を行うことが義務化されたが、児家センとしては、これらを糾合し、いかに子どもの貧困対策や児童虐待防止施策に活かしていくのかが、知恵の絞りどころとなる。この点につき卑近な例を挙げれば、市内の社会福祉法人が地域公益取組を協働実施するために組織された大牟田市社会福祉法人地域公益活動協議会（福岡県）や越前市地域公益活動推進協議会（福井県）は、子どもの貧困対策としての食料提供事業や学習支援事業にコミットしており、当該地域の児家センは、この地域公益活動のコーディネーター役や事務局機能を担うことで、広範で緩やかな"つながり"＝地域共生ネットワーク＝の創出に貢献している。

　また社会的養護関係者のなかにあっても、児童相談所や社会的養護施設などの支援現場では、従来からその必要性を痛感しつつも、実際には圧倒的な業務量の多さから手掛けることができなかったパーマネンシー保障を実現していくための動きが活発化している。具体的には、おおいた子ども支援ネット（大分県)、青少年の自立を支える会(栃木県)、チャイルドリソースセンター(大阪府)、親子関係支援センター　やまりす（福井県）、沖縄の子どもと家族・支援者の未来を明るくする会（沖縄県）などである。

　これらの組織に所属し活躍するメンバーは、児童相談所や児童自立支援施設、社会的養護施設等を早期退職したり、現職と兼業（ダブルワーク）したりしながら、NPO組織を結成し、退所児童等へのアフターケア（社会的養護自立支援事業）や気がかりな子どもたちの居場所づくり、家族再統合・親子関係再構築支援、児童虐待防止活動など、各々の地域に不可欠な社会資源の創出や事業の運営に尽力している。社会的養護領域における未開の地の、いわば"開拓者"である彼らに学ぶべきことは、決して少なくない。

　勿論、全国津々浦々に点在している児家センの多くも、日々各地で虐待の発生予防や親子関係の再構築支援、心のダメージの回復を意識した専門的ケアを着実に実施しており、併せて家族全体が抱える過酷な現実とその急激な変化に寄り添い続ける伴走支援や一人一人の成長に合わせた息の長い見守り型援助を地道に展開しているが、今後はこのような次代を創造するチェンジメーカーらとの協業をも射程に入れた実践を目指していくべきであろう。

## 11. 厚労省社会保障審議会社会的養育専門委員会における主張

　厚生労働省は、2017（平成29）年10月、およそ2年ぶりに社会保障審議会児童部会社会的養育専門委員会（旧：社会的養護専門委員会）を開催し、新しい社会的養育ビジョンの具現化（＝「都道府県社会的養育推進計画の策定要領」の発出）に向け、諸々の検討を行った。

　このような動向を受け、全国児童家庭支援センター協議会（以下、「全児家セン協議会」という。）も、「改正児童福祉法」及び「新しい社会的養育ビジョン」について精査・検討を重ね、2017（平成29）年11月開催の社会的養育専門委員会において「『改正児童福祉法』及び『新しい社会的養育ビジョン』についての意見」と題した意見書を提出した。

　なお全児家セン協議会は、以後の社会的養育専門委員会においても、以下に記された「3つの視座からの6つの提起」に基づき、これまでの社会的養護レジームからの脱却、特に地域におけるファミリーソーシャルワークの抜本的改革を訴え続けている。

---

〈参考：社会的養育専門委員会へ提出した意見書の提起部分を抜粋〉

〔3つの視座からの6つの提起〕
　1. 社会的養育の裾野を拡げ、悉皆性を高めていくために
　2. 多彩な施策の創出と活用によって、施策効果を高めていくために
　3. 社会的養育の担い手たる支援者の質を高めていくために

1. 社会的養育の裾野を拡げ、悉皆性を高めていくために
（1）市区町村子ども家庭相談支援体制の基盤強化
（2）子ども家庭総合支援拠点と児童家庭支援センターとのリンケージ
2. 多彩な施策の創出と活用によって、施策効果を高めていくために
（3）児童養護施設への通所措置、地域・在宅措置制度等の創設
（4）親族里親、及び親族による養育里親の活用促進
3. 社会的養育の担い手たる支援者の質を高めていくために
（5）市民啓発・福祉教育機関としての施設活用と養成校等との連携
（6）ソーシャルワーカーの処遇改善と、「支援者への支援」制度等の創出

---

また 2020（令和 2）年 10 月には、社会的養育専門委員会の下に置かれた「子ども家庭福祉に関し専門的な知識・技術を必要とする支援を行う者の資格の在り方その他資質の向上策に関するワーキンググループ」において、全児家セン協議会に対し、児家センに求められている専門性、及び地域においてファミリーソーシャルワークを行うにあたっての課題等にかかるヒアリングが実施された。

　そこでは、現状の課題解決に向けたイノベーションのベクトルとして、①「実家か、里親か、施設か」の択一ではない、むしろその全てが重なり合う新たな社会的養育体制の必要性、②ケアマネジメントシステム＝当事者の思いや権利擁護をベースとしたケアプランに基づく支援方式＝創出の必要性、③地域社会から分断・孤立させないために、市町村と連動・一体化したファミリーソーシャルワークを拡充する必要性、④子どもの貧困対策としての学習支援拠点や子ども食堂、当事者団体などの市民組織、及び妊娠相談機関や DV シェルターなど新興の民間支援機関の参画による要対協の再構築・実用化の必要性を訴えた。

## 12.　全国里親会等との関係形成と新たな全国研究組織等への運営協力

　既述のように 2011（平成 23）年の要綱改正により児家センの主要な任務として里親支援が追加されたが、その実務の充実ぶりは各々の児家センで千差万別の状態であった。しかし新しい社会的養育ビジョンで里親制度の活用拡大が最重要課題として位置付けられ、かつフォスタリング業務の充実も焦眉の急となってきたことから、全児家セン協議会としても里親養育支援への積極的なコミットメントが求められてきていた。

　そこで 2018（平成 30）年 8 月、全児家セン協議会は、全国里親会と正式な話し合いの場を持つこととなった。そして幾度かの協議と互いの組織内での機関決定を経て、同年 12 月、全国里親会との間で相互支援協定を締結した。さらに 2020（令和 2）年 6 月には、日本ファミリーホーム協議会とはじめて公式協議を行い、同年 8 月には、日本ファミリーホーム協議会との間でも同様の相互支援協定を締結した。このように全国レベルでの三者提携が進められ、この関係性が広く子ども家庭福祉関係者にも周知されたことで、児家センが展開する里親養育支援や里親レスパイト等に対する期待は日増しに高まっている。

なお元厚生労働省家庭福祉課長であり現役里親でもある藤井康弘全国家庭養護推進ネットワーク代表幹事は、「家庭養護（里親委託）の推進とは、子ども達の措置先を施設から里親家庭に移すという単純なことではない」と断じたうえで、「子どもたちの生活の本拠は可能な限り里親家庭に置きつつも、施設が自らの入所機能を果たしつつ里親家庭をその専門性によって支えていく新たな体制を構築すること、施設と里親が互いの利点を活かしつつ、さらには児童相談所やNPOなどを含む地域の社会資源全体が連携し協働して、地域全体として子どもたちを支えていく新たな社会的養護の体制に移行していくこと」と定義している。

　まさにこのようなパラダイムシフトを促す触媒としての任務を果たすべく、全ての児家センには、身近にある社会的養護施設に所属する里親支援専門相談員やフォスタリング機関のスタッフらとしなやかに協働し連動するセンスや技量を高めていくことが待望されている。

　ちなみに既に福岡市や岐阜市、名古屋市など一部の先進地域では、保護者の仕事の都合や病気治療などによりショートステイを必要とする親子に対し、近隣の里親をマッチングし、当該の里親家庭にて短期預かりを実施する里親ショートステイ事業が果敢に実施されている。実家庭の脆弱性をダイレクトに補完する子育て短期支援事業の実務を通して、「里親・ファミリーホーム＋基礎自治体＋社会的養護施設＋児家セン」のコラボレーション機能が遺憾なく発揮されている様相は、すべての児家センが目指すべき理想形といえよう。

　ところで、相互支援協定の締結以後、全児家セン協議会と全国里親会、日本ファミリーホーム協議会との間では、協定の内容に沿い、各々の組織が主催する学習会や研究会の成果や課題の共有、合同研修会の開催に向けた協議等を継続的に行ってきた。その結果、2020年（令和2年）8月12日には、全児家セン協議会の呼びかけに応えるかたちで、全国里親会や日本ファミリーホーム協議会の会長、学識経験者有志によって「全国子ども家庭養育支援研究会」が創設された。以後、三者合同学習会としての「全国子ども家庭養育支援地域ネットワークセミナー」の開催に向けた動きが加速化してきており、2021（令和3）年9月には大分県にて第1回セミナーが開催される予定である。

　加えて全国子ども家庭養育支援研究会では、朝日新聞厚生文化事業団との連携のもと、地震や水害等によって被災した里親やファミリーホーム、児家セン

への救済・援助活動にも積極的に関与していく方向で検討がなされているところである。

さらに平成31（2019）年より、家庭養護を推進するための全国集会としてFLECフォーラムが開催されている。この集会は、潮谷義子（社福）慈愛園理事長（前熊本県知事）、柏女霊峰淑徳大学教授、相澤仁大分大学教授が共同代表を務める全国家庭養護推進ネットワークが、"すべての子どもたちに家庭での生活を"（Family Life for Every Child：FLEC）との願いを込めて企画運営している研究協議会である。全児家セン協議会は、この集会についても家庭養護推進に携わる支援者や研究者、行政担当者らの交流と討議のためのプラットフォームと位置づけ積極的な参画を奨めている。

## 13. パーマネンシー保障と親族養育への支援

これまでも児家センは、パーマネンシー保障の取組、具体的には、虐待予防・家族維持のための支援や家族再統合・親子関係再構築に向けた支援を実践してきたが、今後は、さらにもう一つ、パーマネンシーを確保する手立てとして親族養育（親族里親及び親族による養育里親）の促進、及び親族への相談支援体制の確立に向けた取組にも主体的に加わっていくべきであろう。

ちなみに地方都市の要対協では、高校卒業後、都会で就職し結婚したものの、パートナーとの関係がうまくいかず母子で故郷に戻り実親（子どもにとっては祖父母）と同居しているというケースが散見される。これらのうちで母親がメンタル疾患等の理由で就労できず、一家が貧困線以下での生活を余儀なくされているケースは少なくない。住居や田畑などのストックはあっても、わずかな年金しかフローがない状況にもかかわらず、生活保護制度や生活困窮者自立支援制度といった社会援護施策についてはスティグマゆえに利用できず、貧困状態の中で歯を食いしばって子育て（孫育て）している家族。このような家族に対する家計支援策の一環としても、里親制度に則った親族養育は積極的に活用が検討されるべきではなかろうか。

ところで里親制度を用いた親族養育では、支援を要する子どもに必要な資金がピンポイントで届き、しかもその子の成長のために適宜適切に使われていることが、（毎月里親として提出すべき各種申請・報告書等によって）確認・担

保できるという意味で、濫給防止システムとしても極めて有意である。

　しかし残念ながら現場の実感として、児童養護施設関係者で、親族養育にかかる諸制度の内容や要件を正確に知る者は極めて少数であり、一般市民で知る者は皆無といえよう。このような現状においては、まずなにより親族里親や親族による養育里親の制度を周知するためのソーシャルアクションを積極果敢に展開していくことが急務といえる。

　なお一部自治体には、親族による養育は当然のことで、そこにあえて里親制度を活用することはしないという旧態的な考え方も根強く在ったが、このようなスタンスは、2011（平成23）年10月に開催された厚労省社会保障審議会児童部会において、当時の家庭福祉課長により明確に否定され、親族里親制度等の積極活用を促す方向性が示されたことは特記しておきたい。

〈参考：2011年10月31日第36回社会保障審議会児童部会議事録より親族里親に関する林委員の質問に対する高橋家庭福祉課長（当時）の答弁部分を抜粋〉
○高橋家庭福祉課長
　親族里親につきまして、ご意見をいただきました。親族里親の要件拡大につきましては、今年の4月に議論しまして、6月の省令改正で一部拡大しております。これまでは死亡や行方不明、収監されたとか非常に限定的な感じでありましたのを、病気の場合などで親族が引き受けなければ施設措置を余儀なくされるような場合に適用できるということで、4月の里親委託ガイドラインや実施要綱改正。その後、それを省令で6月の改正で反映するなど一部拡大、適用しております。
　これは都道府県によりまして非常に適用の姿勢に差がありまして、積極的にやっている自治体と親族里親は基本的にやらないという自治体があります。親族が養育するのが当然ということで、それに現金を出すような親族里親はやらないというような県もあります。そういう意味で、積極的に使うようなことでのガイドラインの改正などを行ったところでありまして、ご指摘のように親族里親を積極的に活用している国もあるということでありますので、そこの活用もしてまいりたいと思っております。

　また市町村の児童家庭相談担当部署は、都道府県等の児童相談所に比べ、地域コミュニティへの密着性が高く、当事者親子はもとより、親族などの現況や変容が即時・詳細に捕捉できるという強みがある。殊にポピュレーションアプ

ローチを担っている行政保健師は、当事者親子はもとより親族の性格や生い立ち（成育歴）、長きにわたって培われてきた親族間の人間模様等、実に有用な情報を入手している場合が少なくない。

それゆえ基礎自治体の児童相談窓口担当者が、現に子どもを養育しその特性を理解している児童養護施設所属の家庭支援専門相談員や里親支援専門相談員、児童家庭支援センターの相談員らと協働し、家庭・親族に対するアセスメント力やマッチング力を増強させていけば、おのずと親族里親制度をはじめとする親族養育の活用頻度が増すこととなろう。

なお親族里親に関しては、元全国里親会副会長の木ノ内博道氏が2020（令和2）年秋に発行された「里親だより」にて、「親族里親は東日本大震災のような災害時のものと印象付けられたきらいがある」としたうえで、「施設養護から家庭養護に流れを変えていく動きのなかで、養育里親にだけ関心が向けられているが、ぜひ親族里親にも関心を向けてほしい」と述べている。また「虐待を受けた子どもたちを親族に見てもらうのはリスクが高い」との意見もあることを紹介したうえで、「しっかりとソーシャルワーカーがチェック」することを前提に「海外では虐待を受けた子どもたちでも、親族里親が見ることが多い」と記していて、とても興味深い。

今後は親族養育に関する諸外国の実情把握に努めるとともに、国内でも登録里親に占める親族里親の割合が非常に高い高知県の取組実践＝特に県内市町村との情報共有や連動のあり方＝を検証し、その活動理念やノウハウを学んでいくべきであろう。

この他、児家センスタッフと行政保健師とのパートナーシップ関係がより一層強化され、妊娠相談や特定妊婦への支援等がクロスオーバー的に実施されていけば、パーマネンシー保障施策としての特別養子縁組への取組も急速に進展していくことが期待されよう。

## 14. 児童虐待予防のための施設の多機能化と地域見守り体制の強化

政府は、2020（令和2）年12月に、全世代型社会保障検討会議での論議を経て、「全世代型社会保障改革の方針」を閣議決定した。公表時、マスコミでは、少子化対策としての不妊治療の保険適用や後期高齢者の医療費の自己負担割合

の引き上げなどがクローズアップされたが、同方針には「里親制度、養子縁組等の周知啓発を進める」、「児童虐待の予防の観点から地域で子どもを守る体制の強化や児童福祉施設の子育て家庭への支援の強化を着実に推進する」とも明記されていた。

　また渡辺由美子子ども家庭局長は、2020（令和2）年11月9日付福祉新聞の紙上インタビューにて、次の児童福祉法改正について、「2018年の法改正では、虐待後の対応が重要なテーマで、児童相談所の体制強化などに取り組みました。次は（中略）地域の子育て家庭支援を通じた『虐待予防の強化』が一つのテーマだと思います。そのためには『多機能化』を施設の『標準装備』にすることも必要だと思います。施設の持つ専門的機能を地域で困難を抱える家庭への支援に生かしてほしいのです。」と、前述の「全世代型社会保障改革の方針」と歩調を合わせた見解を述べている。

　これら直近の情報からは、2021年初頭において国は、"児童虐待予防"のための"地域で子どもを（見）守る体制"の構築（法整備を含む）を喫緊の課題としていること。そして、それを実現していくために、「多機能化」や「標準装備」というワードを用いながら、全ての社会的養護施設に対して子育て世代にかかる家庭への支援の強化を求めていることが読み取れよう。

　なお施設が多機能化をはかるための標準装備については、まずもって児家センが念頭にあると考えられるが、全ての社会的養護施設が、多機能化に資する装備を実装していくには、「子育て支援センター」（法律上は「地域子育て支援拠点事業」）の制度設計を参考にすることも一考に値しよう。

　ちなみに子育て支援センターは、設置の態様から一般型と連携型に類型を分けたうえで、地域子育て支援拠点事業実施要綱に示される基本事業以外の取組を行えば、その実績に応じて別途加算される制度設計となっており、しかも常勤・非常勤職員の配置状況に応じて子ども子育て支援交付金の額に違いが設けられているなど、業務の実態に応じつつ随所にインセンティブを働かせる細やかな仕掛けや工夫が凝らされている。

　ところで"児童虐待予防"のために"地域における見守り体制"を拵えていくに際しては、施設の変革と努力だけでは足りず、まずもってポピュレーションアプローチとハイリスクアプローチの融合、妊娠期からの切れ目のない支援や親子を包括した支援の実現などが求められる。実務的には、①母子保健事業

と子ども・子育て支援事業と社会的養護事業の統合的展開や②子ども・子育て会議と要保護児童対策地域協議会との部分連結などが早急に検討されるべきである。

　また地域全体の取組として、「官」と「民（民間事業者）」と「市民（地域住民）」との連動にも期待を寄せるべきであり、とりわけ市民レベルでの活動領域をいかに豊富化していくかが地域課題として問われてこよう。その具体策としては、①多種多様な類型の里親制度（一時保護＆ショートステイ里親・週末里親・親子支援里親等）を開発し、家庭養護の担い手を幅広く開拓していくこと、②支援児童等見守り強化事業に則って見守り活動を行っている市民活動家や主任児童委員らを糾合し、地域における子ども見守り活動を増勢していくこと、③公務員中心で構成されている要対協への市民参画や当事者参画を進め、形骸化が懸念される要対協の再興をはかること、④里親制度や見守り支援事業にコミットする市民有志らによる緩やかな地域コミュニティネットワークを構築し、地域社会全体で子どもを育むというマインドを市民自治活動の一環として涵養していくことなどが挙げられよう。

## 15.　近年の全児家セン協議会の活動経過と現況

　最後に、全児家セン協議会の近年の主な活動（特に人材育成活動や外部研究者・機関等との学習交流活動、ブランディング活動）の経過や現段階での展開可能性、相談支援実績等の情況等を記すことで、現状の到達点を明らかにし、もって本稿の締めとしたい。

　これらの記録やデータを「今後、児家センはどこに向かうべきか⁉」「児家センスタッフは、何をなしていくべきか⁉」を考える素材や議論のたたき台としていただければ幸いである。

### （1）社会的養護処遇改善加算にも対応した実務者研修会の開催

　2017（平成29）年6月、国は、民間の児童養護施設職員等の労務の困難さに応え、人材確保・人材育成を図ることを目的として「社会的養護処遇改善加算実施要綱」を発出した。この加算の取得にあたり、加算対象者に対し、一定の専門研修受講が要件とされたことから、社会的養護関係者の間では、専門研

修の機会をいかに創り出していくかが課題となった。

　そこで2018（平成30）年7月、全児家セン協議会は、従来内部研修として実施してきた「全国児童家庭支援センター実務者研修会」を「全国児童家庭支援実務者研修会」に改称するとともに、他の社会的養護施設に所属する支援者も参加が可能なオープン集会とすることで、家庭支援専門相談員や里親支援専門相談員の専門研修としても位置付けられるよう研修のフレームを大幅に改変した。以後、この変革をさらに社会的養育システム全体を射程に捉えたソーシャルワーカー人材の合同育成機会へと進化・発展させるべく研修内容の充実を図っている。

　わけても2021（令和3）年度予算において、施設における地域支援機能の強化を図るため、①従来の家庭支援専門相談員の複数配置要件（従前は定員30名以上の施設のみ配置可能）が緩和されたこと、②里親支援専門相談員や心理療法担当職員についても複数配置が可能となったこと、③市町村等と連携し、地域における要支援家庭等を一時的に入所または通所させて支援を行う親子支援事業（施設機能強化推進費加算）が創設されたことを勘案すると、今後はライフストーリーワークや家族療法、家族応援会議などを取り入れた施設でのケアワークと施設退所後における地域でのソーシャルワークを地続きで捉えるセンスを醸成することが肝要となろう。

　また児童家庭支援センターちゅうりっぷ（栃木県）の福田雅章センター長は、「親子関係の再構築とは施設を介在させながら親と子が互いを理解し合うプロセスである」と説いているが至言であり、その意味でも児家センスタッフと（今後急増が予想される）施設所属のファミリーソーシャルワーカーらとの合同育成機会の創出は緊要といえよう。

　なお2020（令和2）年には、コロナ禍の影響で、当初9月に予定していた全国児童家庭支援実務者研修会の中止を余儀なくされたが、その代替研修事業として、全児家セン協議会としては初となるオンライン研修会（コロナ禍における食の提供を通したアウトリーチ支援の総括と展望をメインテーマとした地域支援実践研修会）を実施した。

〈参考：社会的養護施設に配置されているソーシャルワーカー〉

①家庭支援専門相談員

　虐待等の理由で入所している児童の保護者に対し、児童相談所との連携のもと相談援助等の支援を行うことで、入所児童の早期退所を促進し、親子関係の再構築等を図ることを目的として配置される相談員。ファミリーソーシャルワーカーともいわれる。

　2014（平成16）年度に加算制度化され、2016（平成24）年度から定数化された。なおさらに現在は複数配置が認められており、2人目の家庭支援専門相談員については、加算による配置が可能となっている。

②里親支援専門相談員

　施設に地域の里親等を支援する拠点としての機能を持たせ、里親委託の推進及び里親支援の充実を図ることを目的として配置される相談員。業務内容としては、里親の新規開拓、里親への研修、里親家庭への訪問及び電話相談、里親会の活動支援、アフターケアとしての相談等がある。

　2016（平成24）年度に加算制度化された。

③自立支援担当職員

　進学・就職等の自立支援や退所後のアフターケアを担うなど退所後の自立に向けた支援の充実を図ることを目的として配置される専門職員。支援対象者の数および支援回数が一定数以上の場合に配置が認められる。

　2020（令和2）年度に加算制度化された。

## （2）多様な外部学習会等への参画奨励や実践と研究の協働展開

　2019（令和元）年5月に開催された全児家セン協議会総会において、①全国規模の学術集会・プラットフォーム的シンポジウム等への参加奨励〈具体例：FLECフォーラム・日本子ども虐待防止学会学術集会・地方自治と子ども施策全国自治体シンポジウム〉、②児家セン事業への理解促進と人材確保を目的とした大学関係者や研究機関等とのネットワークづくり、および研究協力、③家庭養護や地域支援を推進していくための新たな研修機会の創設検討等が明記された事業計画が承認された。

勿論、学問や研究は自発的であることが大前提であるが、協議会組織として最も高次の意思決定の場である定期総会において、前述の集合機会を交流と発信の場と位置づけ、その有効性を共有できたこと、また実践と研究との協働の重要性を確認できたこと、さらにはそこから生み出される調査研究成果を携えて、自らの地域に必要な社会資源を創出するためのソーシャルアクションを展開していくことの有用性について共通認識を持てたことは、これからの組織活動にとって極めて大きな進展であった。

　なお今後、児家センをはじめとする社会的養育関係者には、様々な研究者と幅広く連携し多彩かつ柔軟に協働していくことで、自己の業務領域における支援の質を高めることはもとより、近接する母子保健施策や子ども・子育て支援施策、障害児・者支援施策、生活困窮者自立支援施策、さらには新たな福祉領域として充実が期されているヤングケアラー施策、ダイバーシティ施策、刑余者への地域生活定着支援施策等々との接続強化や包括化によるシナジーにも期待したい。

## （3）児家センのブランディング化―あらゆる情報発信機会や媒体を活かして

　子どもの虹情報研修センターが2016（平成28）年度に行った「児童家庭支援センターの役割と機能のあり方に関する研究」では、児童相談所職員に対し「児家センの業務内容を理解しているか」と質問したところ、「理解している」と回答した職員は60.8％しかいなかった。この惨憺たる結果が、当時のセンター関係者に大きな衝撃と落胆を与えたことは言うまでもない。

　以後、全児家セン協議会は、"児童家庭支援センター"という社会資源自体のブランディングに最も力を入れることとなり、2020（令和2）年3月には、全児家セン協議会内の知恵や人材を結集して「地域子ども家庭支援の新たなかたち～児童家庭支援センターが繋ぎ，紡ぎ，創る地域養育システム～」と題した書籍を発行した。なおこの書籍を作成するにあたっては、児家センの活動や組織態様に関し造詣の深い山縣文治関西大学教授や川並利治金沢星稜大学教授、川松亮明星大学教授、相澤仁大分大学教授、津崎哲郎認定NPO法人児童虐待防止協会理事長らから児家センの行く末について貴重なご提言をいただいたことを録しておきたい。

　また2020（令和2）年11月には、日本子ども虐待防止学会第26回学術集会

いしかわ金沢大会にて、児家センの機能をアピールするポスターを展示し、併せて「地域子ども家庭支援の新たなかたち～児童家庭支援センターによる市町村支援，里親支援の先駆的実践から～」と題した公募シンポジウムを開催した。

　別府市子ども家庭総合支援拠点の一翼を担っている光の園子ども家庭支援センターの松永忠統括施設長や地域を巻き込んだ里親養育支援を展開している福岡市子ども家庭支援センター SOS 子どもの村の松﨑佳子センター長らによる実践報告は、いずれも近未来における児家センのあるべき姿として受けとめられ好評を博した。

　これら一連の取組により、家族支援や里親養育支援、市町村支援、要対協の枠組を活かした地域支援等にかかる先進活動事例の水平展開をはかるとともに、児家センに求められている専門性のベクトルやその技量水準を広く知らしめることができた。

　今後わが国では、社会的養護から社会的養育へのパラダイムシフトの渦中にあって、社会資源の得喪（スクラップ＆ビルド）がラディカルに実施されていくことが予想される。それゆえ全児家セン協議会としては、常に"存亡の危機"意識を持ちながら各種学習会や学術集会での実践報告や研究発表、出版物の刊行など、ありとあらゆる機会や媒体を通して児家センの有益性を地域社会にアピールし、もって一層のブランディング化＝提供価値の確立＝に努めていかねばならない。

〔文献〕

　橋本達昌「児童家庭支援センターの役割と将来展望─主に法制上の制度設計とその変容に着目して─」『自治総研 通巻第 459 号』（2017）

　川並利治、小木曽宏、藤井美憲、柴田敬道、橋本達昌、川松亮「児童家庭支援センターの役割と機能のあり方に関する研究（第 1 報）」子どもの虹情報研修センター（2018）

　橋本達昌「要保護児童等の家庭に対する支援」『新基本保育シリーズ 子育て支援』中央法規出版（2019）

　藤井康弘「里親と施設の連携と協働」『子どもと福祉 VOL.12』明石書店（2019）

　上林陽治「自治体相談支援業務と非正規公務員 その実態」『自治総研通巻 498 号』（2020）

　小木曽宏、橋本達昌 共編著「地域子ども家庭支援の新たなかたち」生活書院（2020）

　木ノ内博道「数字でみる里親制度」『里親だより第 126 号』公益財団法人 全国里親会（2020）

　橋本達昌「児童家庭支援センターの専門性と人材の確保・育成・定着の課題」『子どもの虐待とネグレクト 第 22 巻第 3 号』岩崎学術出版社（2020）

福田雅章「児童養護施設のソーシャルワークの専門性と育成について」『子どもの虐待と
ネグレクト　第 22 巻第 3 号』岩崎学術出版社（2020）

福祉新聞（2020 年 11 月 9 日号）「厚労省幹部に聞く　子ども家庭局」

橋本達昌「権利擁護の視座から考察した地域における社会的養育の課題」『子どもの権利
研究　第 32 号』子どもの権利条約総合研究所（2021）

# 緊急活動報告

# コロナ禍での
# 「子どもの食緊急支援プロジェクト」

全国児童家庭支援センター協議会
**橋本達昌**

## 1. はじめに

　新型コロナウィルス感染症の拡大防止のため、2020（令和2）年3月から始まった小・中・高等学校、及び特別支援学校の一斉休校[※1] は、子ども達に様々な制限や制約を課しつつ、自宅に留まる時間を急増させた。

　この間、地域社会では、家に閉じ籠もらざるをえない状況がもたらす家庭崩壊やドメスティックバイオレンス、児童虐待リスクの増勢が多方面から指摘されるとともに、人との接触を極力回避すべきとの社会的要請から、困難を抱える家庭への支援が届きづらくなっている状況も、矢継ぎ早に報告された。

　これを受け、国は「子どもの見守り強化アクションプランの実施について」と題した通知を発出し、市民力を活かした見守り支援機能の強化をはかったことは周知のとおりである。

　さて、そのような情勢の中、全国津々浦々に点在する児童家庭支援センター（以下、「児家セン」）は、援助が必要な地域在宅児童に対し、いかなる支援をなしえたのか。そしてその実践は、どのように結実したのであろうか……。

## 2. 児家センによるコロナ禍での食支援

　全国児童家庭支援センター協議会（以下、「全児家セン協議会」）は、今次のコロナ禍において、全国の実業家や学識者らが急遽結集して発足させた「子どもの食緊急支援プロジェクト」（以下、「食支援プロジェクト」）に一斉参画し、

貧困や虐待、疾病などで苦境にある子どもたちの食生活を支援する取り組みを緊急展開した。

　食支援プロジェクトが、わずか1か月程で集めた寄付金は3,380万円余り。450名を超えるサポーターからの浄財は、お弁当やおやつ、食材となり、この取り組みにエントリーした児家センスタッフらによって、さまざまな難題を抱えながらもがんばって生きている数多の子どもたちとその家族にしっかりと届けられた。

　稀にみる素早さで展開された食支援プロジェクトの成果は、児家センの持ち味である敏捷性や機動力、柔軟性や地域（密着）力の賜物であるといって過言ではなかろう。以下、その経緯や取り組みの詳細を記すことで、児家センの役割や今後の展望をも含め考察していく。

## 3.　食支援プロジェクトの実施にいたる経緯

### 5月1日

　子どもの虹情報研修センターの増沢高研究部長より、コロナ禍にあって児家センがアウトリーチ等で支援している子どもたちの様子を心配する電話をいただく。同時に、ネグレクトや貧困家庭で暮らす子どもたちの食生活について憂慮し、援助をしたいとの思いを抱いている実業家や学識者の方々[※2]の存在をお聞きする。児家センは、まさに篤志家の方々が気にかけているところの子どもたちに日夜寄り添っている地域の貴重なファミリーソーシャルワーク機関である旨を、具体事例を交えつつお伝えしたうえで"今ここ"で何ができるかを検討した。その結果、食支援プロジェクトの建て付けがおおむね定まった。

### 5月2日

　全児家セン協議会として、所属するすべての児家センに、食支援プロジェクトの設立趣旨や活動概要を説明し理解を呼び掛けるとともに、子どもたちに食を届けるアウトリーチ支援が直ちに実行可能な児家センには、このプロジェクトの実施機関にエントリーするよう要請した。

### 5月8日

　わずか1週間という短期間にも関わらず、北海道から沖縄までの計75センターが即座にエントリーし、食を届ける実行部隊としての全国ネットワーク体

制が整備された。

**5月29日**

　食支援プロジェクトに寄せられた寄付金は、まずは第1次緊急支援金として75センターに一律20万円ずつ助成された。これにより全児家セン協議会の子どもの食にかかる緊急支援活動が本格的にスタートした。

**7月26日**

　食支援プロジェクトの代表発起人やアドバイザー、事務局の方々と全児家セン協議会会長とがオンライン会議で協議し、第2次緊急支援金の送付先や使途について最終確認を行った。

**7月31日**

　夏休み対策を意識した第2次緊急支援金として、各児家センから出された要望に沿い、5万円から40万円が追加助成された。

**10月7日**

　全児家セン協議会は、オンラインにて地域支援実践研修会を催した。全国の150名を超える児家セン職員が参加して開催された本研修では、食支援プロジェクトの実践を踏まえつつ、児家センによる地域支援の展開可能性を学んだ。

**11月26日**

　食支援プロジェクトの代表発起人やアドバイザー、事務局の方々と全児家セン協議会会長とがオンライン会議で協議し、第3次緊急支援金の送付先や使途について最終確認を行なった。また残金を全児家セン協議会に寄付していただき、それを協議会組織の活動基盤強化に活かしていくこと、さらにはプロジェクトの事務局を担った「一般財団法人100万人のクラシックライブ」との連携事業を模索すること等についても参加者全員で確認した。

**12月1日**

　冬休み・年末年始対策を意識した第3次緊急支援金として、支援を希望する60センターに対し、一律10万円が助成された。さらにこの取組を契機に、地域において支援者ネットワークの構築をめざしたいとする児家センに対しては、それぞれの企画書に沿って20万円（1センター）〜30万円（11センター）が加算助成された。

**12月16日**

　食支援プロジェクト事務局より、全児家セン協議会に810,677円が寄付され、

今回の一大緊急イベントは完結した。なお食支援プロジェクトに寄せられた寄付金額の最終集計結果は、33,950,106円、サポーター数は455名にのぼった。

　およそ半年に及ぶ、第1次から第3次へと続いた緊急支援活動は、第3次から参加した7センターを含め総勢82センターのスタッフによって全国一斉展開された。これは全センター数の6割弱に相当する数字であり、全児家セン協議会の総力を結集した取り組みと評して過言ではなかろう。


## 4. 支援の過程で見えてきた子どもと家庭のリアル

　コロナ禍での長期休校や外出自粛等による子どもとその家族の変容について、食支援の実践現場からあがってきた報告は、表1及び表2のとおりである。

　総じて生活リズムの乱れやゲーム依存、ドメスティックバイオレンスの増加など、ハイリスク化した家庭状況が窺える一方、要支援家庭の一部では、むしろお手伝いをしたりきょうだいにやさしい言葉掛けをしたりと、従前より和やかで穏やかに過ごしている子どもたちの様子も少なからず報告された。

**表1** コロナ禍における児童家庭支援センターでの相談聞きとり内容等
　　　〜保護者の様子〜

①「休めない」「休業補償と言ってもうちの会社はしてくれない」等、自分の就業に関する混乱

②父親の仕事が減り減収、子どもがうるさい、甘えが強まる　→　母親のストレスと攻撃性が激増

③子どもの生活面の課題がよく見えるようになり、家の中で頻繁に怒鳴ってしまう

④子どもを預けた祖父母の精神的・肉体的疲労への心配。いずれ預かりを断られるのでは…との不安

⑤給食費減免家庭では、昼食代の負担が急増し、家計を圧迫

⑥放課後児童デイや保育園、ショートスティが急に利用停止になる可能性（見通し）への不安

⑦ウイルス感染に関する必要以上の心配　→　病的に過敏になる保護者の出現

⑧給付金が出たことで、夫婦関係・家族関係が円満に

⑨もともとインドア派の子どもに対し、親は「外で元気に遊ばない子ども」という認識から「ステイホームが上手にできる子」という認識に変化して褒めることが増えた

⑩引きこもりや不登校の親子は、周りの目を気にせず安心して家にいることができた


**表2** コロナ禍における児童家庭支援センターでの相談聞きとり内容等
　　　〜子どもの様子（含：保護者からの声）〜

①中学生や高校生は、卒業式や入試、部活や学校行事を心配

②バイトができず家計やスマホ代（通信費）を心配

③ゲームやネットで多くの時間を費やし、昼夜逆転の生活になった

④ささいなことで切れる、子どもから母への暴力、兄弟間での暴力が多発

⑤極端な体重減、ないしは体重増が見られた（不規則かつお菓子などでの生活が原因）

⑥（6月初旬の）学校再開後、下校後にひどく疲れた様子が多く見受けられた

⑦家にいる兄弟・姉妹を気遣うやさしさが見えた

⑧時間的な余裕が増え、課題に落ち着いて取り組めるようになった

⑨精神的に波のある母が「子どもに家事手伝いをする習慣がついた」と喜ぶ

⑩親子でニュースを見たり、社会の様子を話し合ったりするようになった

このような子どもたちは日々、学校での居場所のなさや友人関係のトラブル等に起因する深刻な生きづらさを抱えていたのだろう。子どもにとっては学校に行くこと自体が、また保護者にとっては子どもを学校に行かせるための務めが、それぞれに相当の苦痛でありストレスとなっていた現実が垣間見えた。

## 5.　神戸市内のセンターの実践から

　私たちは、食支援プロジェクトを通して、これまで気づけなかったさまざまな現実を知り、新たな教訓を得たが、特に神戸真生塾子ども家庭支援センターの久山センター長から全児家セン協議会に寄せられた実践報告は示唆に富んでいるので、その一部を抜粋・要約し、以下に紹介したい。

　「当初、市教育委員会のスクールソーシャルワーカー等へ声かけを行い貧困家庭の洗い出しを進めたが、食料支援の依頼件数は思っていた以上に少なかった。教育と福祉の間の壁の高さや、休校中のため子どもたちが十分に食事をとれているのかを学校が把握できていなかったというのが主な理由。

　その後、この状況を乗り越えたいと、子ども食堂を支えている地域のボランティアの方々に声をかけ、子ども食堂を利用していた子どもたち一人ひとりへの食支援を開始。このような直接家庭を訪問する動きによって次第に子ども食堂への参加だけでは見えなかったことも見えてきた。また地域のボランティアの方々と子どもや親との距離も縮まり、毎回の弁当配達を心待ちにしてくれるようになり、子どもたちの笑顔がボランティアの方々のモチベーションにもなっていった。

　今後は、今回の食支援でつながった関係機関や地域の方々に、気軽に児家センの相談業務やソーシャルワークを活用してもらい、地域で困っている子どもや家庭をつなげてもらいたい。また逆に、委託ケースなどで既に支援している子どもや家庭を、子ども食堂など地域の社会資源にうまく結びつけていきたい」

　近年、子どもの貧困や虐待、地域コミュニティからの孤立・排除・漂流など、子どもを取り巻く社会政策課題への市民的関心は日増しに高まってきている。それにつれ、子ども食堂を典型例とする子どもの居場所づくり、生活保護や生活困窮状態にある児童への学習支援やフードパントリー、学校中退や早期離職によってニート・引きこもり状態となった青年の再チャレンジを支援するため

の伴走支援、虐待再発防止や親子関係再構築をめざす家族支援、病気療養中の家族等を介護しているヤングケアラーを支援するための集いの場づくりなど、市民力や自治力を活かした地域福祉活動が盛んになってきている。

　とりわけ児童相談所や社会的養護施設の職員らが、自ら市民活動組織（NPOや実行委員会等）を立ち上げ、新たな社会資源の開発に挑戦する例も増えてきており、現に栃木県、埼玉県、千葉県、東京都、静岡県、福井県、大阪府、福岡県、大分県、沖縄県等では、社会的養護支援者たちの"ファーストペンギン"※3 的な実践が奏功している。

　この先、児家センには、社会的養護施設、里親・ファミリーホーム、さらには斯様なファーストペンギンらとの間にあって、相互の協力や協働を促すための触媒となり、地域の支援者ネットワークの結節点となることが期待されよう。それゆえに神戸市からのレポートは、一連の食に関する取り組みを単なる個への支援という位置づけに留まらせることなく、子ども食堂を支援する市民等とのつながりや絆を育むソーシャルアクションにまで昇華させたという点で特筆すべき報告といえる。

## 6. おわりに

　19世紀の教育哲学者、ウイリアム・アーサー・ワードは、「安全な港に泊まっている船は安全である。しかし船は、そのためにつくられたのではない」という寸鉄を残している。

　私は本稿のはじめに、児家センの持ち味として、「敏捷性や機動力、柔軟性や地域（密着）力」云々と記したが、これらは本来、すべての社会福祉施設が備えるべき資質ではなかろうか。思い起こせば、今日の社会福祉施設の原型を拵えた創始者たちは皆、自らが暮らす地域に生じたゆがみや困難を見過ごすことができず、己の損得やリスクも鑑みずに、ただひたすら目前にいる社会的弱者を救済するために情熱を燃やしたに違いない。そして、その情熱を余すところなくエネルギー（敏捷性や機動力）に変換することで活動資金や仲間を獲得し、地域に根を張りながら柔らかに事業を展開してきたはずである。

　社会的養護から社会的養育へのパラダイム転換の只中にあり、さらにその先を見越せば、地域共生社会やSDGs（＝「誰一人取り残さない」持続可能で多様性と包摂性のある社会）実現へのアクションが希求される今だからこそ、あらためて社会的養護を勃興させた先達のチェンジメーカー然とした心意気や行動力に学ぶべきであることは論を俟たない。

　さらに余談ながら、今般、私の所属する「児童家庭支援センター・児童養護施設一陽」では、施設退所者が勤務しているレストランに、アウトリーチ用のお弁当を発注することで、日頃お世話になっている店主への恩返しとした。加えて地元越前市の要保護児童対策地域協議会や今春新設された「子どもの見守り強化アクションプラン」のスキームを活かし、市内の子ども食堂や学習支援拠点、母子寡婦福祉連合会等と連携した食支援の取組を行った。

　これらの実践を通して越前市の児童福祉関係者の間では、地域で暮らす仲間がワンチームとなって共に生き、このコロナ禍を乗り越えていこうという気概を芽吹かせることができたのではないかと自負している。

　ちなみに先述したウイリアム・アーサー・ワードには、次の至言もある。「悲観主義者は風にうらみを言う。楽観主義者は風が変わるのを待つ。現実主義者は帆を動かす。」

　…不安や不満に打ち震えるだけでなく、どんなに過酷な状況にあっても、あ

くまで“今ここ”で、自らができることを探し出し、わずかの前進を信じて何事もプラグマティックに実践していく…。

　全児家セン協議会は、これからも社会的養育界における“現実主義者”として、未知の大海原に漕ぎ出していきたい。[4]

※1　2020（令和2）年2月27日、安倍晋三首相（当時）は、全国の小学校、中学校、高等学校、特別支援学校に対し、新型コロナウィルス感染症の拡大防止を目的として、3月2日からの一斉休校を要請した。

※2　子どもの食緊急支援プロジェクトは、百数十名に及ぶ実業家や学識者の方々が発起人となって瞬く間に創設された。蓑田秀策　一般財団法人100万人のクラシックライブ代表理事、島田晴雄　東京都立大学理事長、千本倖生　株式会社レノバ取締役会長、分林保弘　株式会社日本M＆Aセンター代表取締役会長が代表発起人となり、さらには羽生英之　東京ヴェルディ代表取締役社長、長松清潤　本門佛立宗長松寺・妙深寺住職、増沢高　子どもの虹情報研修センター研究部長がアドバイザーの任に就いて、全国的な規模での募金活動を展開した。

※3　魚を求めて天敵がいるかもしれない海へ、集団から最初に飛び込むペンギンのこと。米国では、リスクを恐れずに挑戦するベンチャー精神の持ち主を、敬意を込めてそう表現する。

※4　本稿は、2020（令和2）年10月に、全国児童養護施設協議会（福田雅章　季刊児童養護編集委員長）が発刊した「季刊児童養護 Vol.51／No.2」に投稿したレポートをベースに、10月以降の経過等を加筆・修正した報告である。全国児童養護施設協議会のご理解とご許可を得て本書に再掲していることを申し添える。

# 特別寄稿

# コロナ禍の子どもの食支援と
# 児童家庭支援センターの貢献

子どもの虹情報研修センター
増沢　高

## 1.　子どもの逆境状況

　戦後から半世紀、日本は目覚ましい経済発展を遂げ、世界にその名をとどろかせた。80 年代にバブル期を迎え、経済大国日本というアイデンティティは絶頂期に達した。戦争と経済発展という全く異なる二つの時代を含有した昭和が終わり、平成に入った 1989 年に、子どもに関する画期的な条約が国連で採択された。子どもの権利条約である。日本はその 5 年後の 1994 年にこの条約を批准したのだが、批准にあたっての当時のムードとして、日本のような経済的に恵まれた国の子どもは皆幸せで、この条約は貧困国家や戦時下にある子どもに必要なものとの認識が多数派だった。

　しかし、条約を踏まえて、児童相談所が家庭内虐待への介入を強めていったところ、虐待によって悲惨な状況下にいる子どもが想像以上にいることを社会は認識していく。また日本には貧困は存在しないという当時の一般認識に反して、貧困状態にある子どもの率は先進国の中でも上位であり、ひとり親家庭の実に 2 組に 1 組は貧困であることも知る。さらには住民票や学籍がなく所在不明の子どもが多数いることも明らかになったのである。厳しい暮らしの中で生きる子どもたちが多数存在するのである。「日本の子どもは恵まれている」との一般の認識が神話であり、逆境状況におかれた子どもにどう対応するかが日本の課題になったのである。

　1990 年代後半からアメリカを中心に始まった ACEs（Adverse Childhood Experiences）研究は、子ども時代の逆境的体験が、成人後の心身の病気、逸

脱行動、就労の問題などと深く関連していることを示した。子ども時代の逆境的体験とは、日常的な身体的暴力に曝されること、言語等による心理的暴力を受けること、性的被害にあうこと、心理的拒否や無関心の対象となること、ネグレクトされていること、離婚等による実親との分離体験、DV の目撃、アルコールや薬物乱用の親の下にいること、親の精神疾患、家族の収監などである（Donna J. N,2015）。こうした養育上の問題の底辺には貧困問題も関係している。また逆境状況が放置され長期化すれば、事態は悪化しやがては深刻な虐待へと進行してしまう。このような状況下に置かれた子どもは、将来にわたる心理、精神的な問題を抱えるだけでなく、身体的問題、さらには犯罪や貧困などの社会的リスクをもはらんでしまう。地域社会はこれを防がなくてはならない。そのためには、地域社会が家庭内の逆境状況に関する認識を共有し、その問題がまだ小さい早期の段階で、当該の子どもと家族に必要な支援を届けることである。

## 2. コロナ禍で起きたこと

　さて、いま世界はコロナ禍に直面している。コロナ禍で家庭の中で親子での時間が増えたことが、互いのきずなを強める好機となった家族がある一方で、ストレスフルな苦しい暮らしから親子関係が悪化した家族もあった。コロナ禍は世界中の子どもと家庭に以下の状況を発生させているという（井上、2020）。
①仕事や収入を失うことによる貧困と食糧難の増加
②人やオンラインによる教育へのアクセスのできなさ
③子どものスマホ等のデジタル活動の増加と養育者による監視の減少によるデジタル・リスクの拡大
④学校やケアプログラムによって確実に供給された栄養価の高い食事の消失
⑤子どもや養育者にとって重要な仲間や人間関係の崩壊
⑥子どもや養育者のための地域や社会支援サービスの崩壊
⑦子どもや養育者の日々のルーチン活動の停止
⑧青年や養育者による飲酒や薬物使用の増加
⑨場当たり的な養育方法（コロナ禍の養育をどうしていいのかわからない）
　以上のことは緊急事態宣言発令前後の 4 月から 6 月にかけて日本国内の多く

の家庭で起きた現実であろう。政府はコロナの感染予防に勢力を注ぎ、学校を休校とし、子どもは家に留まることとなった。親子での濃密な暮らしは、互いのきずなを深める契機となった一方で、ストレスを高めて息が詰まっていく親子もあった。家の中で籠りきりとなった親子が、せめてもと公園に遊びに行っても、それを責める地域の声が親子の心を苦しめただろう。中には経済的に行き詰まり、子どもだけ長時間家に残して働きに出ざるを得ない家庭もあった。

　家族は地域の支えも失った。行政の子育てサービスも止まり、子育て支援を必要とする親たちは孤立し、追い込まれていった。先述した逆境状況にある子どもと家族にとっては、コロナ禍はより一層事態の悪化を招き、虐待のリスクを確実に上昇させたといえよう。しかし休校などによって学校や保育園などの身近な機関から子どもの状況が見えなくなり、家の中で深刻な事態が発生しても気づけない事態が続いた。実際4月から6月にかけて通告数が減った自治体は多い。

　その後、登校は再開し、コロナと共存しながらの経済活動が再開し始めた。子どもへのまなざしが増えたのか、ここにきて児童相談所等への通告件数が増加している自治体もあるようだ。今振り返って思うのは、感染予防だけを考え必要なサービスを閉じるのではなく、コロナの感染予防を視野に入れながら、支援機関は早期に家族とつながり、必要な支援を迅速に届けることである。それは単に訪問して指導や監督をするようなものではなく、子どもや家族が求めている物資や必要な手立てを届けることである。


## 3.「子どもの食緊急支援プロジェクト」について

　コロナ禍が深刻化した今年の春に話をもどす。日に日にコロナ感染は拡大し、4月7日に東京と大阪を含む7都府県を対象地域として宣言が発令され、4月17日に全都道府県に拡大された。国民のだれもが目に見えないコロナにおびえ、先が見えない事態に不安が高まった。

　そんな4月の下旬、この緊急事態で困っている子どもと家庭に役立ちたいと、経済界のリーダー数名が立ち上がった。こうした方々とのご縁があり、私もお世話になっている寺院の住職から、筆者が児童福祉に携わっていることもあって、相談に乗ってはもらえないかとの打診があった。この時期に、天からの救

いのように感じ、すぐに応じさせていただいた。

　その後オンラインでの話し合いが何度も開かれ、乳児院へのマスクの提供※1、児童福祉施設へのパソコンや食材の提供、地域で食に困っている子どもたちへの食事支援の必要性についてなど検討した。特に地域の子どもへの食事支援は、コロナ禍で学校が休校、給食がなくなった子どもの中には、死活問題となっている子どももいるはずで、すぐにでも寄付を集めて、食事を届けるべきと意見が一致した。そこで筆者は、まず市区町村に問い合わせ、寄付の受け入れと訪問による食事の提供の可能性を打診した。しかし、問い合わせをしたどの自治体も、それぞれに規定があり、すぐに寄付を受け付け、食事を届ける動きはとれないようだった。そこで、児童福祉施設の中で訪問型の支援に取り組んでいる児童家庭支援センター（児家セン）ではどうかと、全国児童家庭支援センター協議会の橋本会長に連絡をし、全国の児家センに呼びかけていただいた。その結果、70数か所が名乗りを上げられたのであるが、このことで一気に食事支援のプロジェクト（子どもの食緊急支援プロジェクト、2020）が動き始めた。プロジェクトの展開は早く、検討を始めた財界のリーダーが代表発起人になり、その呼びかけに100名ほどの発起人が集まり、数週間で3000万円以上の寄付が集まった。目標が定まった時の経済界の方々の動きのスピードに驚愕し、圧倒される思いであった。


## 4．児家センの食事支援の展開と事務局の反応

　その後の児家センの活動は、橋本会長の報告にゆだねたい。プロジェクト事務局には、各児家センからの活動報告が次々に届いてきた。それらの報告は胸を打つ内容ばかりだった。家庭を訪問して食を届けたことで、家族から信用され、その後の支援関係が築けていったこと、地域のNPOや民生委員などと協同して活動したことで、良好な支援ネットワークが構築されたことなど、活動の意義の大きさを実感した。

　活動報告を読んで筆者以上に喜ばれたのは、代表発起人をはじめとしたプロジェクトにかかわる方々だった。普段、福祉とは遠いところにおられる方々であるが、今回子どもの福祉を身近に引き寄せ、考え、動かれた先の喜ぶ姿だった。その姿に触れさせていただいた筆者は、深く感銘し、ありがたく、頭が下

がる思いがした。

　実は、このプロジェクトの第 1 段階が終えた 8 月の下旬に、横浜にある「かわわ児童ホーム」と「児童家庭支援センター・かわわ」に、代表発起人の方々をお連れして見学をさせていただいた。児童福祉現場を初めて訪れ、現場の職員の話をじっくりと聞いていた代表の方々は、現場で真摯に働く職員の姿に感銘されつつ、「必要な支援をもっとしたいと考えている。そのためには財界の関係者と福祉領域がもっと近い関係になるべき」と語られ、そのためには「福祉現場からも、福祉領域だけに止まらず、財界にも聞こえるように広く情報を発信してほしい」と話された。まさにその通りであり、我々が努力すべき点だろう。

　コロナ禍において、こうした食事支援は他にも様々なレベルで行われていたと思う。しかし、日本全体からすれば一部の地域に留まるものであった。コロナの克服は重要課題である。しかしその後ろ側に置かれやすい子どもの暮らしに目を向け、必要かつ具体的な支援を届けなくてはならない。今回児家センが実践したこの良き支援モデルが、日本中で展開できるよう、さらに官民一体となった地域の支援ネットワークが構築できるよう、その実践と価値を社会に向けて発信し、実現に向けリードしてほしいと心から願う。

※1　蓑田氏らを中心に、4 月下旬に全国の乳児院にマスクを送付。送付にあたって全国乳児福祉協議会の協力を得た。

〔**参考・引用文献**〕

　Andrea Denese and Eamon McCrory（2015）Child maltreatment（小野善郎＝訳（2018）子どものマルトリートメント. IN ラター児童青年精神医学第 6 版. 明石書店, p455-469

　Donna Jackson Nakagawa,（2015）Childhood Disrupted（清水由紀子＝訳（2018）小児期のトラウマがもたらす病. パンローリング株式会社

　井上登生（2020）コロナ禍と子ども虐待. 日本子ども虐待防止学会ウェビナー報告資料

　子どもの食緊急支援プロジェクト（2020）. https://ff.1m-cl.com/s/

# これからの児童家庭支援センターと
# フォスタリング業務

早稲田大学人間科学学術院
社会的養育研究所
**上鹿渡和宏**

## 1. 社会的養護から社会的養育へ
### ——変わるこれまでの枠組み

　2016 年改正児童福祉法で示された「家庭養育優先原則」に基づき、「社会的養護」はこれまでの枠を超えて新たな「社会的養育」へと発展する必要がある。2017 年に提示された「新しい社会的養育ビジョン[1]」（以下、「新ビジョン」と記す）には次のように記されている。

　「平成 28 年 5 月に児童福祉法が抜本的に改正され、子どもが権利の主体であることが明確になり、子ども家庭への養育支援から代替養育までの社会的養育の充実が求められることとなった。また、代替養育も児童福祉法等の一部を改正する法律（平成 28 年法律第 63 号）に基づいて家庭での養育が原則となり、さらに家庭復帰の可能性のない場合は養子縁組を提供するという永続的解決（パーマネンシー保障）が求められることとなった（6 頁）」

　これまで社会的養護は家族との生活を続けることができなくなった子どもに最善の代替養育を提供すべく実践展開され、主に施設養護の枠組みの中で最善を求め努力が重ねられてきた。その結果、施設養護割合の高さが欧米諸国と比べた場合の日本の社会的養護の特徴の一つとなっている。欧米諸国もかつては代替養育の中で施設養護の枠組みを中心に実践展開されてきたが、ある時期に家庭養護を基盤とする代替養育への移行が進み概ね家庭養護の割合が 50〜80％となった。わが国の代替養育は施設養護の枠組みのなかで最善を求める形で発展し、家庭養護の必要性が理解されることがあっても欧米諸国で見られたよ

うな本格的な移行はなく2010年頃でも里親等委託率は10%ほどであった。しかし2016年法改正を経て2018年には20%を越え日本も本格的な移行期を迎えている。また、日本では社会的養護となる子どもの割合は欧米諸国の6分の1から3分の1ほどと極端に少なくこれが欧米諸国と比べた場合の日本の社会的養護のもう一つの特徴と言える。昨今話題に上るヤングケアラーの存在や小学生の自殺要因として家族からのしつけ・叱責や親子関係不和が一番に挙げられる現状を考えれば、わが国における子どもと家庭への支援や親子分離等の対応が不十分であったことは明らかであろう。

　これからの社会的養育を考えるにあたっては、これまでの子どものニーズへの対応の不足・欠如をどう補うかについて、これまでの枠組みや、今ある資源だけを前提にするのではなく、子どもと家族のニーズに応じる新たな資源として施設養護や家庭養護が、新しい枠組みのなかでどのような役割を担うべきか想定し検討しなければならない。


## 2. 新しい枠組みでの実践を実現する機関としての
### 児童家庭支援センター

　家庭養育優先原則は地域にある家庭での養育を前提としており、それゆえ地域も変わる必要がある。ソーシャルワーカーによる地域の既存資源との連携・協働や新たな資源の開発まで含めた、これまでにない大きな変化が求められている。この分野の人材が不足している中でその役割を担えるのは誰か。これまでの代替養育を担ってきた施設関係者こそが新しい社会的養育体制の中で新たな役割を担うことを決意し準備を進められるのではないだろうか。しばらくは過渡期が続くが、都道府県社会的養育推進計画が実施される5～10年で家庭養育優先原則に基づいた新しいシステムが構築されるはずである。10年後の新しい社会的養育体制の中での役割を関係者それぞれが自ら考える必要がある。その上で、10年後の新しいシステムに移行するまでの過渡期における子どもの最善の利益も保障するために必要な取り組みについても検討し、計画的に実践展開しなければならない。この過渡期において、児童家庭支援センターはこれまでの社会的養護をこれからの社会的養育へつなぐ役割も期待されており、新ビジョンには「児童家庭支援センターの在り方」が以下のように示されてい

る。

「平成28年改正法の施行により、地域においてすべての子ども家庭を視野に
ポピュレーションアプローチからハイリスクまでの支援を推進することとなっ
ている。その中で、児童家庭支援センターは市区町村子ども家庭総合支援拠点
と連携して、里親ショートステイを調整する機能、フォスタリング機関事業（後
述）の機能や在宅措置や通所措置の機能などリスクの高い家庭への支援や代替
養育後のアフター・ケアなどを担う有力な社会資源になり得る（14頁）」

## 3. 児童家庭支援センターが担うフォスタリング業務の意義

「フォスタリング機関及びその業務に関するガイドライン」[ii]にはフォスタリ
ング機関について以下の記述がある。

「里親が、子どもに最善の養育を提供するために適切な支援を受けられるよ
うにすべく、里親制度に対する社会の理解をより一層促進するとともに、里親
のリクルート、研修、支援などを里親とチームとなって一貫して担うフォスタ
リング機関（里親養育包括支援機関）による包括的な支援体制を構築すること
が不可欠である（2頁）」

新しい社会的養育体制の構築に向けて、特に児童家庭支援センターがフォス
タリング業務を担うことができれば、その地域における「施設養護」から「家
庭養護」へ、「社会的養護」から「社会的養育」への展開の実現可能性がより
高まると考えられる。

まず、施設養護の枠組みをどう超えていくのかについてであるが、児童家庭
支援センターは施設に併設されセンター長も施設長の兼務が多い。これまで施
設養護においても小規模化が進められてきたが、ケアの個別化は難しく、養育
者である職員が交代せざるを得ない集団養育においては特定の養育者との安定
した関係構築の難しさや、家庭での当たり前の生活経験が得られにくい状況は
続いている。施設養護としてはできる限りを尽くしたと言えるかもしれないが、
子どもにとってそれが「最善」であるかをこれまでの枠組みを超えて再考する
必要がある。新ビジョンにも以下の通り記されている。

「施設養護におけるケアの個別化を施設の中だけで実現しようとするのでは
なく、施設がフォスタリング機関事業を受託し里親と養育チームとして協働す

ることにより、施設の外の里親委託としてケアの個別化を実現するような多機能化や機能転換も進められるべきである（35頁）」

また、社会的養護経験者の声「施設で生活した私が施設に求めるのは『いっしょに生きてくれる人』を失った子どもたちにとって、『いっしょに生きてくれる人』が見つかる場所であってほしいということです」[iii]からも、ケアの個別化（子どもが一緒に生きてくれると思える人や関係性を得られる場）の実現こそが子どもに必要とされていることが理解できる。

さらに、ルーマニア孤児研究で明らかにされた通り、里親養育で最も重要なのは（その形態ではなく）子どもと養育者の間の安定したアタッチメント形成である[iv]。里親家庭において養育者が子どもと安定したアタッチメントを形成するには、養育者としての深い理解と覚悟そして養育者を支え協働するチームが必要である。これがフォスタリング機関の重要な役割であるが、施設併設の児童家庭支援センターであれば、これまで施設養護で培われたチームでの養育経験を施設内に留めず施設の外の里親家庭まで広げて実現するという発想は理解しやすいのではないだろうか。

次に「社会的養育」への展開についてであるが、子どもの最善の利益を保障するためには、フォスタリング業務を通して代替養育の中心を家庭養護に移行していくのと同時に、以下の里親養育経験者の言葉も念頭におく必要がある。

「里親養育に必要な子育てスキルを考える子ども会議において、親としてのニーズや、子どもとしてのあり方を考えるうちに、その全てを親の責任とすることに疑問がでてきた。もしかしたら、『下手な躾（虐待）』の方法しか分からず、親も困っていたのかもしれないという発想から、親も助けて欲しかったという思いが出てきた。もし親を助けてくれる人がいたら、自分は離れずに仲良く暮らしていけたのではないかと。」[v]

児童家庭支援センターがフォスタリング機関として里親ショートステイを実施する場合、家庭への他の支援と合わせてこれまでにない効果的な予防的対応が可能になる。虐待予防策として市町村によるショートステイ等と県による社会的養護をつなぐ役割を担う機関として自治体と共に地域の新たなシステムづくりへ参画することが大いに期待される。国は市町村の予防的取り組みに期待し、市町村が直接里親をショートステイ先として活用できるよう制度を改正したが、基本的に里親支援のバックアップを想定している。さらに国は市町村と

連携した里親委託推進に期待しフォスタリング事業として推進すべく市町村連携加算も用意している。児童家庭支援センターが担うフォスタリング業務への期待は、これまで以上に大きくなっていると言える。

子ども家庭への（予防的）支援と代替養育をつなぐ里親ショートステイについては新ビジョンにも以下の記載がある。

「乳児院や児童養護施設などの施設にショートステイ定員枠を設置する、もしくは児童家庭支援センターやフォスタリング機関（後述）などが市区町村からの要請を受ける調整機関となって、里親をショートステイの受け皿として活用する仕組みを整える方策が考えられ、都道府県及び市区町村でその推進を行うべきである（12頁）」

児童家庭支援センターが里親ショートステイを実施する場合、施設にショートステイ利用申し込みがあったとしても、遠方、満員などの理由で対応が難しいこともあるが、地域の里親家庭がショートステイを受け入れることでタイミングよく支援すること（予防的対応）が可能となる。また、子どもからすれば、地域にショートステイ可能な里親がいてくれることで、ショートステイから一時保護、措置に至る子どもにとっての環境変化が最小限に抑えられる（生活の場と「いっしょにいる人」は変わらない）。さらに、家庭復帰後も里親がショートステイ先となることでアフターケアまで「いっしょにいる人」が変わらずに済む。そして、このような取り組みにより、里親家庭にとっても里親養育支援者にとっても短期での経験が可能となり、里親養育を地域で安全に確実に広める契機とできることも利点である。

## 4. 子どもの最善の利益保障のために期待される行動

2016年改正児童福祉法第1条と2条で示された「権利主体である子どもにとっての最善の利益保障」を社会的養護や子ども家庭支援で実現する新たな枠組みが家庭養育優先原則である。したがって新しい社会的養育の是非は、子どもにとっての最善を保障するものとなっているかという視点で考え続けなければならない。「最善」とは現在の取り組みの成果を評価し続ける中で実現される状態であり、そのためには成果を客観的に評価し、子どもの声を聴き続ける必要がある。前述の2人の社会的養護経験者の声は代替養育、施設養護、家庭

養護それぞれの中に留まってより良い結果を目指すだけでは子どもの最善の利益保障につながらないことを教えてくれている。

　また、「いっしょに生きてくれる人」を必要としている子どもは、社会的養護の子どもに限らず、家族と暮らしている子どもの中にも多く存在していると考えられる。その声に応える地域の養育体制づくりは、他の多くの子どもが安心と希望を取り戻すことも可能にする。権利主体である子どもの最善の利益を保障する、家庭養育優先原則に基づく新たな社会的養育体制がしっかりと構築されるまでにはまだ時間がかかると思われるが、そのための具体的な計画はすでに策定され実践が始まっている。これまで子どものために尽力されてきた施設養護に関わる方々、特に児童家庭支援センターを設置する施設の方々の取り組みがこの新しい社会的養育体制の確立に大きく影響すると考えられる。

　子どもの今と将来の両方を一番に考えられるのは今子どもと生活を共にされている方々である。自分の子どもであったなら、自分が子どもであったならと考え、社会的共同親として行動される方が増えていくことを期待する。

〔引用・参考文献〕
i　厚生労働省・新たな社会的養育の在り方に関する検討会「新しい社会的養育ビジョン」2017 年 8 月
ii　厚生労働省子ども家庭局「フォスタリング機関（里親養育包括支援機関）及びその業務に関するガイドライン」2018 年 7 月
iii　NPO 法人社会的養護の当事者参加推進団体日向ぼっこ「施設で育った子どもたちの居場所『日向ぼっこ』と社会的養護」明石書店，2009 年，120 頁
iv　ネルソン，C. A. ら著（2014），上鹿渡ら監訳「ルーマニアの遺棄された子どもたちの発達への影響と回復への取り組み　施設養育児への里親養育による早期介入研究（BEIP）からの警鐘」福村出版，2018 年
v　チャレンジ中野・グローハッピー「子ども会議第 3 回会議録」2019 年 8 月

# 参考資料

①全国児童家庭支援センター協議会の相談支援活動実績

② 2020 年日本子ども虐待防止学会で展示したパネル

③関係通知・要綱等

全国児童家庭支援センター協議会事務局
亀間妙子
瀧川侑磨

令和元年度　全国児童家庭支援センター協議会の相談支援活動実績・その1

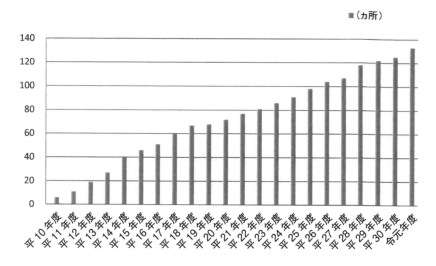

センター設置状況の推移（平成10年度〜令和元年度）

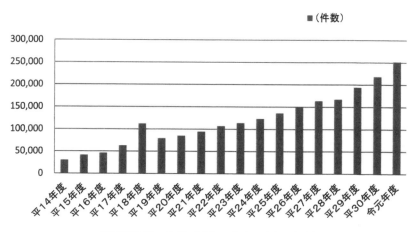

相談延件数の推移（平成14年度〜令和元年度）

令和元年度　全国児童家庭支援センター協議会の相談支援活動実績・その2

■（人数）

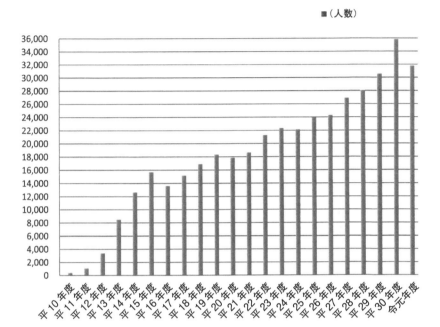

相談実人数の推移（平成10年度～令和元年度）

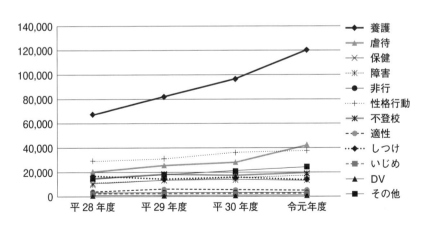

相談内容種別の推移：延べ人数（平成28年度～令和元年度）

令和元年度　全国児童家庭支援センター協議会の相談支援活動実績・その３

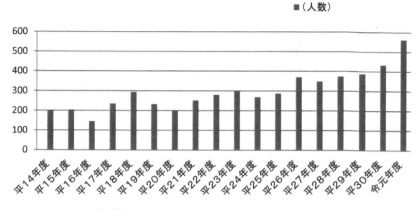

指導委託人数の推移（平成 14 年度～令和元年度）

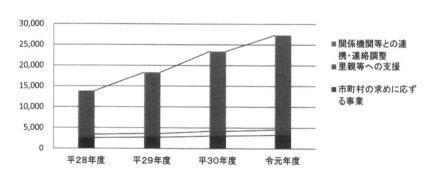

要綱に規定された事業の推移（平成 28 年度～令和元年度）

令和元年度　全国児童家庭支援センター協議会の相談支援活動実績・その4

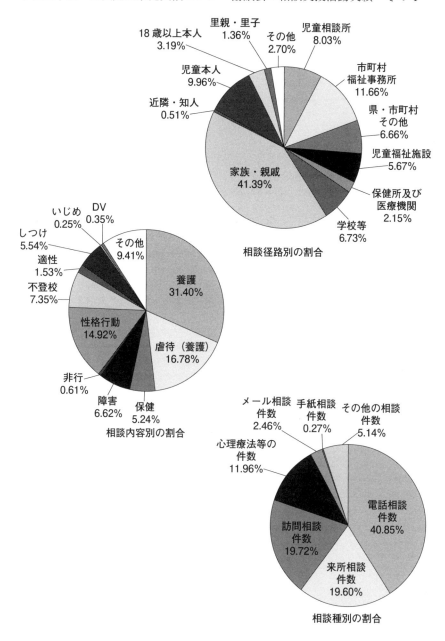

里親・里子
1.36%

その他
2.70%

児童相談所
8.03%

18歳以上本人
3.19%

市町村
福祉事務所
11.66%

児童本人
9.96%

県・市町村
その他
6.66%

近隣・知人
0.51%

児童福祉施設
5.67%

家族・親戚
41.39%

保健所及び
医療機関
2.15%

学校等
6.73%

相談径路別の割合

いじめ
0.25%

DV
0.35%

しつけ
5.54%

その他
9.41%

適性
1.53%

養護
31.40%

不登校
7.35%

性格行動
14.92%

虐待（養護）
16.78%

非行
0.61%

障害
6.62%

保健
5.24%

相談内容別の割合

メール相談
件数
2.46%

手紙相談
件数
0.27%

その他の相談
件数
5.14%

心理療法等の
件数
11.96%

電話相談
件数
40.85%

訪問相談
件数
19.72%

来所相談
件数
19.60%

相談種別の割合

65

# 全国児童家庭支援センター協議会

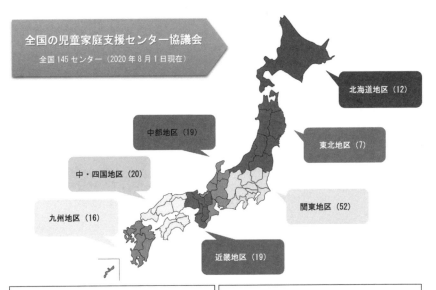

全国の児童家庭支援センター協議会
全国145センター（2020年8月1日現在）

北海道地区（12）
中部地区（19）
東北地区（7）
中・四国地区（20）
九州地区（16）
関東地区（52）
近畿地区（19）

## 児童家庭支援センターとは

　1997年の児童福祉法改正により制度化された児童家庭支援センターでは、相談員（ソーシャルワーカー）や心理士によって、以下の相談支援業務等が実施されています。

①児童に関する家庭その他からの相談のうち、専門的な知識及び技術を必要とするものに応じる。

②市町村の求めに応じ、技術的助言その他必要な援助を行う。

③児童相談所において、施設入所までは要しないが要保護性がある児童、施設を退所後間もない児童等、継続的な指導措置が必要であると判断された児童及びその家庭について、指導措置を受託して指導を行う。

④里親及びファミリーホームからの相談に応ずる等、必要な支援を行う。

⑤児童相談所、市町村、里親、児童福祉施設、要保護児童対策地域協議会、民生委員、学校等との連絡調整を行う。

<設置運営要綱を一部抜粋>

　この他、多くのセンターでは、ショートスティをはじめとする地域子育て支援、子ども食堂や学習支援等の子どもの貧困対策、家族全体が抱える問題の急激な変容に寄り添い続ける伴走型支援、一人一人の成長に合わせた息の長い自立支援など、地域ニーズに応じて多彩な支援を実践しています。

## 全国児童家庭支援センター協議会とは

　平成29年8月に「新しい社会的養育ビジョン」が提起されて以降、わが国では社会的養護から社会的養育への一大変革＝パーマネンシー保障に重きを置いたファミリーソーシャルワーク機能の拡大・発展＝が強く求められています。

　具体的には、（市区町村における）子ども家庭総合支援拠点の整備やフォスタリング（里親養育包括支援）機関の創設、虐待の再発防止を企図した家族再統合プログラムや継続的な自立支援の実施などが喫緊の課題となっています。

　このようなパラダイム転換期にあって、協議会は、"子どもを守る地域ネットワーク"の機能強化を重視するとともに、とりわけ"官と民の協働体制"や"施設と里親との連携関係"の構築・拡充が不可欠と考え、その触媒を目指した動きを展開しています。

　今後も協議会は、地域共生社会やSDGsの理念を踏まえたうえで、所属する全てのセンターが各々の地域において、子どもの人権保障機関として充分な実践を繰り広げていくことができるよう、全国ネットワーク組織としてのソーシャルアクションや活動基盤づくり（厚労省への予算要望・政策提言、関係諸団体との連携交流、調査研究、研修etc）に努めていきます。

# 「子どもの見守り強化アクションプラン」
（令和2年4月27日発出）

「子どもの見守り強化アクションプラン」の実施について

　児童福祉行政の推進については、平素よりご尽力をいただき、厚く御礼申し上げます。

　新型コロナウイルス感染症の感染拡大に伴い、学校等の休業や外出自粛が継続する中で、子どもの見守り機会が減少し、児童虐待等のリスクが高まっています。

　こうした中、「新型インフルエンザ等対策特別措置法に基づく緊急事態宣言等を踏まえた支援対象児童等への対応について」（令和2年4月10日付け事務連絡）等を発出し、学校の休業等を踏まえ、子どもの生活環境の変化に伴う支援対象児童等の状況の変化の把握とともに、必要な支援に取り組んでいただいているところです。

　今般、要保護児童対策地域協議会が中核となって、様々な地域ネットワークを総動員し、支援ニーズの高い子ども等を早期に発見する体制を強化するとともに、定期的に見守る体制を確保する「子どもの見守り強化アクションプラン」（別添1）を下記のとおり実施することといたしました。各自治体におかれては、下記に沿って、支援対象児童等の定期的な状況把握を行うとともに、様々な地域のネットワークを活用した見守り体制を強化し、支援が必要な子どもや家庭へ適切に対応していただきますようお願いいたします。

　なお、各都道府県におかれましては、貴管内市町村（指定都市及び中核市を除き、特別区を含む。）への周知をお願いいたします。


記


1．支援対象児童等の定期的な状況把握
　（1）支援対象児童等の区分と役割分担の決定
　　　市町村（特別区を含む。以下同じ）要保護児童対策地域協議会の把握している支援対象児童等について、①就学児童、②保育所、幼稚園等の児童、③特定妊婦、④未就園児等に区分し、確認に係る役割分担を行うこと。

　（定期的な状況把握・支援を主として担う機関）
　①就学児童：学校（休業中の場合も含む）
　②保育所、幼稚園等の児童：保育所、幼稚園等（休業中の場合も含む）

③特定妊婦：市町村の担当部局

④未就園児等：要対協で主たる支援機関を決定

(2) 支援対象児童等の状況把握の実施

　支援対象児童等について、電話・訪問等により定期的な状況把握（少なくとも１週間に１回）を行うこと。

　なお、確認方法については、感染防止の観点から、ＩＣＴ機器を用いた通信手段による状況の確認を行うなど、柔軟な方法も考えられる。

① 就学児童について

　学校休業中の支援対象児童については、文部科学省から各都道府県教育委員会等に対して発出した通知（別添２）に基づき、学校において定期的な状況の把握が行われるため、教育委員会をはじめとした学校関係者と連携し、状況の把握を行うこと。

② 保育所、幼稚園等の児童について

　登園自粛や臨時休園を行っている保育所、幼稚園等の支援対象児童については、内閣府、文部科学省及び厚生労働省から発出した事務連絡（別添３～５－２）に基づき、保育所、幼稚園等において定期的な状況把握が行われるため、保育所、幼稚園等と連携し、状況の把握を行うこと。

③ 特定妊婦について

　特定妊婦の家庭については、市町村において、子育て世代包括支援センター、子ども家庭総合支援拠点における相談支援や、母子保健事業における保健指導や相談支援、養育支援訪問事業（育児用品の配布等）等を有効に活用するとともに、地域のネットワークを最大限活用し、定期的な状況の把握を行うこと。

④ 未就園児等について

　要保護児童対策地域協議会において、主たる支援機関を決め、地域のネットワークも最大限活用して、定期的に状況を把握すること。また、生活保護や障害福祉等の各種福祉サービスを利用している場合の福祉事務所の担当職員等による生活状況の確認等の機会を活用した状況の把握や、一時預かり等の福祉サービス等の利用と連携した状況の把握を行うこと。

※ 支援対象児童等の状況の把握においては、少なくとも１週間に１回の見守りを原則とするが、③及び④の支援対象児童等については、把握した養育状況等に応じて、関係機関で協議の上で、適宜、確認頻度の見直しを行うこと妨げるものではない。

※ 189等の通告や、子育て相談窓口、ＤＶ相談窓口等との連携のもと、支援が必

要な子どもの把握を行い、各ケースについて適切にアセスメントの上、必要に応じて要保護児童対策地域協議会のケース登録を行い、状況を把握すること。

（3）確認した情報の集約と進捗管理等
　（2）で確認した情報については、要保護児童対策地域協議会で集約し、進捗管理を行い、関係機関で情報共有を行うとともに、必要に応じて実務者会議や個別ケース検討会議を開催する等により支援方法等を検討し、必要な支援・措置（児童相談所による一時保護等を含む）につなげること。

（4）地域のネットワークの活用
　都道府県・市町村の保健部門を中心に新型コロナウイルス感染症への対応に注力している中で、人的資源の投入にも制約もあることから、支援対象児童等の把握に当たっては、行政機関のみならず、日常的に子どもと接する機会を有する地域の民間団体等の協力も得るなど、様々な地域のネットワークを活用して行われたいこと。

　（参考例）
　・子育てひろばや子ども食堂（食事の宅配等を含む）を運営する民間団体との連携
　・民生委員・児童委員との連携
　・母子保健推進委員との連携
　・人権擁護委員との連携

2．様々な地域のネットワークを活用した見守り体制の強化
　1の支援対象児童等の状況の定期的な把握を含め、児童虐待の早期発見・早期対応の効果的な実施のため、行政機関だけではなく、要保護児童対策地域協議会に参画する様々な関係機関のほか、さらに地域で子どもに対して様々な支援活動を実施している民間団体等にも幅広く協力を求め、地域の様々なネットワークを総動員し、子どもを見守る体制を強化されたいこと。
　特に、現下の行政機関の保健部門を中心とする新型コロナウイルス感染症対応の状況にも鑑み、地域の見守り体制については、民間団体も含めて、地域の様々な機関・団体等に幅広く協力を求め、地域で力をあわせ、協働して取り組んでいく必要がある。
　厚生労働省においても、これらの関係機関や団体を所管する関係各府省に対しても、「子どもの見守り強化アクションプラン」に基づく地域の見守り体制について

協力をお願いしたところである。

　また、これらの民間団体等に地域の見守り体制への協力を求めるに当たっては、「子育て支援訪問事業」、ひとり親家庭等に対する「子どもの生活・学習支援事業」、生活困窮世帯等に対する「子どもの学習・生活支援事業」等の国庫補助事業も有効に活用し、必要な支援を行われたいこと。

　なお、要保護児童対策地域協議会の対面での開催が困難な場合には、インターネットを活用した会議の開催も有効と考えられることから、インターネット会議システムの導入等に対する補助を含む「子どもを守る地域ネットワーク事業」も有効に活用されたいこと

# 「子育て短期支援事業実施要綱」
（令和3年3月29日発出）

子育て短期支援事業の実施について

　児童福祉法（昭和22年法律第164号。以下「法」という。）第6条の3第3項に規定する市町村が実施する事業（以下「子育て短期支援事業」という。）について、今般、別紙のとおり「子育て短期支援事業実施要綱」を定め、平成26年4月1日から適用することとしたので通知する。

　ついては、管内市町村（特別区及び一部事務組合を含む。）に対して周知をお願いするとともに、本事業の適正かつ円滑な実施に期されたい。

改正後全文別紙

子育て短期支援事業実施要綱

## 1　事業の目的
　この事業は、保護者の疾病その他の理由により家庭において児童を養育することが一時的に困難となった場合及び経済的な理由により緊急一時的に母子を保護することが必要な場合等に、児童養護施設その他の保護を適切に行うことができる施設又は里親、保護を適切に行うことができる者として市町村長が適当と認めた者その他の保護を適切に行うことができる者（以下「実施施設等」という。）において一定期間、養育・保護を行うことにより、これらの児童及びその家庭の福祉の向上を図ることを目的とする。

## 2　実施主体
　実施主体は、市町村（特別区及び一部事務組合を含む。）とする。
　なお、市町村が認めた者へ委託を行うことができる。

## 3　事業の種類及び内容
（1）短期入所生活援助（ショートステイ）事業
　ア　事業内容
　　市町村は、保護者が疾病、疲労その他の身体上若しくは精神上又は環境上の理由により家庭において児童を養育することが一時的に困難になった場合や経済的

な理由により緊急一時的に母子を保護することが必要な場合等に実施施設等において養育・保護を行うものとする。

　イ　対象者

　この事業において対象となる者は、次に掲げる事由に該当する家庭の児童又は母子等とする。

　（ア）児童の保護者の疾病

　（イ）育児疲れ、慢性疾患児の看病疲れ、育児不安など身体上又は精神上の事由

　（ウ）出産、看護、事故、災害、失踪など家庭養育上の事由

　（エ）冠婚葬祭、転勤、出張や学校等の公的行事への参加など社会的な事由

　（オ）経済的問題等により緊急一時的に母子保護を必要とする場合

　ウ　利用の期間

　養育・保護の期間は7日以内とする。ただし、市町村が必要があると認めた場合には、必要最小限の範囲内でその期間を延長することができる。

（2）夜間養護等（トワイライトステイ）事業

　ア　事業内容

　市町村は、保護者が、仕事その他の理由により平日の夜間又は休日に不在となり家庭において児童を養育することが困難となった場合その他の緊急の場合において、その児童を実施施設等において保護し、生活指導、食事の提供等を行うものとする。

　イ　対象者

　この事業において対象となる者は、保護者の仕事等の理由により、平日の夜間又は休日に不在となる家庭の児童とする。


## 4　実施施設等

（1）本事業の実施施設等は以下のとおりとする。

　ア　児童養護施設、母子生活支援施設、乳児院、保育所、ファミリーホーム等住民に身近であって、適切に保護することができる施設（以下「施設」という。）

　イ　里親、保護を適切に行うことができる者として市町村長が適当と認めた者その他の保護を適切に行うことができる者（以下「里親等」という。）

　なお、「保護を適切に行うことができる者として市町村長が適当であると認めた者」について、「保護を適切に行うことができる者」としては、市町村長が、研修（市町村長が指定する都道府県知事その他の機関が行う研修を含む。）を受講する等して、保護を適切に行うことができると考えられる者を認めること

が望ましい。

　　また、「その他の保護を適切に行うことができる者」には、保育士及び子育て支援員を含む。

（2）実施施設は、必要に応じて、あらかじめ登録している里親等に委託することができるものとする。

（3）市町村又は施設より、里親等へ本事業を委託する場合は、以下の点に留意すること。

　ア　事業の実施にあたっては、委託された者の居宅において又は当該児童の居宅に派遣して養育・保護を行うものとする。

　イ　市町村又は施設は、あらかじめ本事業の委託先となり得る者の名簿を作成するものとする。

　ウ　市町村又は施設は、本事業の委託を受ける里親等に対し、電話等により養育状況等を把握するとともに、必要に応じて助言及び相談支援を行うものとする。

（4）市町村より里親へ本事業を委託する場合は、「子育て短期支援事業における里親の活用について」（令和3年1月25日子家発0125第1号厚生労働省子ども家庭局家庭福祉課長）に留意し、里親が本事業による子どもの養育を行うことにより、本来の里親委託や一時保護委託に支障をきたすことのないよう、都道府県と綿密に連携し対応するものとする。

（5）市町村又は実施施設等は、児童の安全性の確保や利用者の負担軽減等のため、保護者が児童に付き添うことが困難である場合等に、居宅から実施施設等の間や実施施設から保育所や学校等の間について、職員による児童への付き添いの実施に努めること。

## 5　留意事項

（1）市町村は、この事業の実施にあたっては、本制度の周知徹底を図ること。

（2）市町村は、原則として、あらかじめ本人からの申込み等により、本事業の利用を希望する者の家庭状況等を把握するとともに、実施施設等の受け入れ体制等を常に把握しておくなど事業の円滑かつ効果的な運営に努めること。

（3）市町村は、利用の申請があった場合には、速やかに決定を行うこと。ただし、特に緊急を要する場合にあっては、利用の申請等の手続きは、事後とするなど保護者の利便を考慮し、弾力的な運営に努めること。なお、ひとり親家庭や低所得世帯（生活保護世帯、市町村民税非課税世帯）、保護者が障害を有する家庭、本事業による支援が児童虐待防止の観点から効果的と考えられる家庭など、特に本事業の利用が必要と考えられる家庭から利用の申請があった場合には、優先的に取り扱うなど特別の配

慮をすること。

　（4）事業の実施にあたっては、利用する者及び関係者の安全性の確保に十分配慮することと。

　（5）一時預かり事業や子育て援助活動支援事業（ファミリー・サポート・センター事業）との連携等他の関連サービスとの十分な調整を行うとともに、児童相談所、福祉事務所、母子・父子自立支援員、民生委員・児童委員等の関係機関と十分な連携をとること。

## 6　費　用
　本事業に要する費用の一部について、国は別に定めるところにより補助するものとする。

# 「児童家庭支援センター設置運営要綱*」

(【一部改正】平成29年3月31日発出)

児童家庭支援センターの設置運営等について

児童福祉の向上については、かねてから特段のご配慮を煩わしているところであるが、児童福祉法等の一部を改正する法律（平成9年法律第74号）により、新たに児童家庭支援センターが創設されることとなった。当該施設における設備及び運営に関する基準は、児童福祉施設の設備及び運営に関する基準（昭和23年厚生省令第63号）によるほか、別紙1のとおり「児童家庭支援センター設置運営要綱」を定めたので、その適正かつ円滑な運営を図られたく通知する。

また、児童養護施設退所児童等で就職や進学後まもない離職等を事由として児童自立生活援助事業を利用する児童等に対して、心理面から自立支援を行う事業について、別紙2のとおり「児童養護施設退所児童等の社会復帰支援事業実施要綱」を定め、平成22年4月1日から実施することとしたので、その適正かつ、円滑な実施を期せられたく通知する。

なお、この通知は、地方自治法（昭和22年法律第67号）第245条の4第1項の規定に基づく技術的な助言である。

おって平成20年4月1日雇児発第0401010号「地域生活・自立支援事業（モデル事業）の実施について」は平成22年3月31日限りで廃止する。

（別紙1）

児童家庭支援センター設置運営要綱

1　目的

児童家庭支援センターは、地域の児童の福祉に関する各般の問題につき、児童に関する家庭その他からの相談のうち、専門的な知識及び技術を必要とするものに応じ、必要な助言を行うとともに、市町村の求めに応じ、技術的助言その他必要な援助を行うほか、保護を要する児童又はその保護者に対する指導を行い、あわせて児童相談所、児童福祉施設等との連絡調整等を総合的に行い、地域の児童、家庭の福祉の向上を図ることを目的とする。

2 設置及び運営の主体

　　設置及び運営の主体は、地方公共団体及び社会福祉法人等であって、都道府県知事（指定都市及び児童相談所設置しにあっては、その長とする。以下同じ。）が児童福祉法（昭和22年法律第164号）第27条第1項第2号による指導委託先としても適切な水準の専門性を有する機関であると認めた者とする。

3 ·支援体制の確保

　　児童家庭支援センターは、要保護児童及び要支援児童の相談指導に関する知見や経験を有し、夜間・緊急時の対応や一時保護等を迅速かつ適切に行うことができるよう、児童相談所、市町村、里親、児童福祉施設、児童自立生活援助事業（以下「自立援助ホーム」という。）を行う者、小規模住居型児童養育事業（以下「ファミリーホーム」という。）を行う者、警察その他の関係機関との連携その他の支援体制を確保しなければならない。

4 事業内容等

　　児童家庭支援センターは、以下に定める事業を実施する。

(1) 地域・家庭からの相談に応ずる事業

　　地域の児童の福祉に関する各般の問題につき、児童に関する家庭その他からの相談のうち、専門的な知識及び技術を必要とするものに応じ、必要な助言を行う。

(2) 市町村の求めに応ずる事業

　　市町村の求めに応じ、技術的助言その他必要な援助を行う。

(3) 都道府県（指定都市及び児童相談所設置市を含む。以下同じ。）又は児童相談所からの受託による指導

　　児童相談所において、施設入所までは要しないが要保護性がある児童、施設を退所後間もない児童など、継続的な指導措置が必要であるとされた児童及びその家庭について、指導措置を受託して指導を行う。

(4) 里親等への支援

　　里親及びファミリーホームからの相談に応じる等、必要な支援を行う。

(5) 関係機関等との連携・連絡調整

　　児童や家庭に対する支援を迅速かつ的確に行うため、児童相談所、市町村、福祉事務所、里親、児童福祉施設、自立援助ホーム、ファミリーホーム、要保護児童対策地域協議会、民生委員、児童委員、母子自立支援員、母子福祉団体、公共職業安定所、婦人相談員、保健所、市町村保健センター、精神保健福祉センター、教育委員会、学校等との連絡調整を行う。

5 事業の実施

　事業の実施に当たっては、次の点に留意するものとする。

(1) 住民の利用度の高い時間に対応できる体制を採るよう配慮するものとする。

(2) 支援に当たっては、児童、保護者その他の意向の把握に努めるとともに、懇切を旨としなければならない。

(3) 児童に関する家庭その他からの専門的な知識及び技術を必要とする相談に応じる場合には、訪問等の方法により積極的に児童及び家庭に係る状況把握をし、問題点の明確化を図る。なお、専門的な知識を特に必要としない軽微な相談については、市町村と連携して適切な対応を図る。

(4) 当該児童及び家庭に係る援助計画を作成し、これに基づく援助を行うなど、計画的な援助の実施を図る。

(5) 処遇の適正な実施を図るため、相談者に係る基礎的事項、援助計画の内容及び実施状況等を記録に止める。

　　なお、個人の身上に関する秘密が守られるよう、記録は適切に管理するものとする。

(6) 援助計画の作成に当たっては、問題点の把握、援助目標・援助方法を明確にし、これに基づく計画的な処遇を行うとともに、随時計画の再評価を行うものとする。また、必要に応じて関係機関との連絡・調整を図り、それぞれの役割分担についても計画に盛り込むこと。

　　児童相談所からの指導委託を受託する場合には、児童相談所の指導の下援助計画を作成する等、児童相談所の処遇指針との整合性を図る。

　　また、市町村の求めに応じ、技術的助言その他必要な援助を行う場合には、市町村や市町村が設置する要保護児童対策地域協議会と共同して援助計画を作成し、役割分担を明確にする。

(7) 児童相談所から指導委託を受けた時又は市町村の求めに応ずる時は、正当な理由がないかぎり、これを拒んではならない。

(8) 児童相談所から指導委託を受けた事例について、訪問等の方法による指導を行い、定期的にその状況を児童相談所に報告するとともに、必要に応じて児童相談所の指示及び助言を求めるなど、児童相談所と密接な連絡をとるものとする。

(9) 夜間等の緊急の相談等に迅速に対応できるよう、あらかじめ、必要な関係機関等との連絡方法等の対応手順について児童相談所等の関係機関等と協議の上、定めるものとする。

(10) 児童相談所と常に密接な連携を図り、児童相談所による技術的支援及び他の関係機関との連携に係わる仲介、調整等の協力を受けるものとする。

児童相談所と児童家庭支援センターとの連携については、「児童相談所運営指針」（平成2年3月5日雇児発第通知133号）による。

(11) 相談を受けた場合等は、訪問や通所等の方法による援助をはじめ、必要に応じ関係機関との調整を図る等、柔軟かつ速やかに必要な援助活動を展開するものとする。

なお、複雑・困難及び法的対応を必要とするような事例については、児童相談所等の関係機関に通告またはあっせんを行う。

(12) 相談の実施に当たっては、母子・父子自立支援員、婦人相談員、家庭相談員、児童委員等との連携を図り、例えばこれらの相談員等が同一日に相談に応ずる「総合相談日」等を設ける等の配慮を行うものとする。

(13) 児童相談所、児童福祉施設等との連絡調整を行うに当たっては、支援を迅速かつ的確に行うことができるよう円滑にこれを行わなければならない。


6　職員の配置等

(1) 児童家庭支援センターの運営管理責任者を定めるとともに、次の職種の職員を配置するものとする。

ア　相談・支援を担当する職員（2名）

児童福祉法第13条第3項各号のいずれかに該当する者。児童福祉事業の実務経験を十分有し各種福祉施策に熟知していることが望ましい。

なお、児童福祉施設等に附置している場合は、入所者等の直接処遇の業務は行わないものであること。

イ　心理療法等を担当する職員（1名）

児童及び保護者に対し、心理学的側面からの援助を行う。

(2) 職員の責務

ア　職員はその職務を遂行するに当たっては、個人の身上に関する秘密を守らなければならない。（児童福祉法第44条の2第2項）

イ　職員は、児童家庭支援センターの果たすべき役割の重要性に鑑み、各種研修会及び異種職との交流等あらゆる機会をとらえ、相談・支援等の技術等に関し自己研鑽に努めるものとする。


7　児童家庭支援センターの設備

次の設備を設けるものとする。

ただし、児童福祉施設等に附置している場合は、入所者等の処遇及び当該施設の運営上支障が生じない場合には、附置される施設と設備の一部を共有することは差

し障えない。

　なお、設備については利用者の個人の身上に関する秘密が守られるよう十分配慮するものとする。

(1)　相談室・プレイルーム

(2)　事務室

(3)　その他必要な設備


8　広報等について

　児童家庭支援センターの利用促進を図るため、その目的や利用方法等について、地域住民が理解しやすいように工夫された広報活動を積極的に行うものとする。

　また、児童家庭支援センターの所在が利用者に明確に把握されるように、その所在を掲示版等により表示すること。


9　経費の補助

　国は、都道府県が児童家庭支援センターの運営のために支出した費用について、別に定めるところにより補助するものであること。


(参考) 援助計画の作成及び再評価の流れについて

(援助計画の内容)

　・個々の児童、保護者等に対する援助の選択（児童、保護者等の意向及び具体的援助を行う者の条件を考慮し、その児童に最も適合する援助を選択する）

　・具体的援助の指針（援助の目標、児童の持つそれぞれの問題に対する指導方法、児童の持つ良い面の伸ばし方、児童の周辺にある保護者等に対する指導方法、その他必要な留意点等具体的かつ広範にわたり行う）


(援助計画の作成及び再評価の流れ)

　１．相談による問題点の把握（主訴から隠れた問題を探る）

　２．援助目標の設定

　３．援助方法の明確化（留意点及び関係機関との役割分担を含む）

　４．援助計画の再評価（援助の実施に伴う新たな問題点の発見及び援助方法等）


(具体的事例)

　１．相談による問題点の把握

　　子ども（乳児）の夜泣きが止まらず困っている。（母親からの電話による主訴）

母親は育児方法が分からず子どもを虐待している疑いがある。（面接を重ねた結果隠れた問題が判明）

現在のところ、在宅での援助により経過を見ることとする。（援助の選択）

2．援助目標の設定

母親が育児に自信を持ち、安定した母子関係が形成されることを援助目標とする。

3．援助方法の明確化

向こう3か月は、児童家庭支援センターに週1回来所させ、育児上の具体的な助言を行う。

さらに、2週間に一度家庭訪問を行って、より具体的な助言を行う。

なお、場合により、母の育児力回復のため、1週間程度のショートステイの活用を検討する。

3か月後、経過良好であれば、2週間に1回の来所、1か月に一度の家庭訪問とする。

（留意点）

この母親の場合、高圧的な態度だと助言を受入れない。助言に当たっては受容的態度に留意する。

4．援助計画の再評価

家庭訪問により、子ども及び母親の偏食が見られ、また家庭が不衛生な状態であることが判明したため、当分の間、保健師が訪問指導を行うこととし、双方が情報交換を行いながら援助していくこととする。


（別紙2）


児童養護施設退所児童等の社会復帰支援事業実施要綱


1　目的

児童養護施設退所児童等で就職や進学後まもない離職等を事由として児童自立生活援助事業（以下「自立援助ホーム」という。）を利用する場合に、当該児童等（18歳以上の者を含む。以下同じ。）に対して、心理面から自立支援を行うことにより、自立の促進を図ることを目的とする。


2　実施主体等

この事業の実施主体は、都道府県とする。なお、都道府県は4に掲げる事業内容

を適切に実施することができると認めた者に委託して実施できることとする。

3　対象となる児童等
(1) 就職や進学等自立を理由に里親、小規模住居型児童養育事業（ファミリーホーム）への委託措置又は児童福祉施設への入所措置を解除したが、離職等のため、児童福祉法第33条の6の規定に基づき自立援助ホームに入居した児童等（以下「入居児童等」という。）
(2) 都道府県知事（指定都市及び児童相談所設置市の市長を含む。以下同じ。）が前号に規定する児童等と同等であると認めたもの

4　事業内容
　　この事業は次のことを行うものとする。
　(1) 自立援助ホームに心理担当職員を配置し、自立援助ホームの指導員（以下「指導員」という。）と連携の上、心理面から入居児童等の自立支援を行うこと。
　(2) 心理担当職員は入居児童等とハローワークに同行し、入居児童等及びハローワーク担当者と就職に関する打合せを行うなど、入居児童等の状況を考慮した就職支援（指導員が就職支援を行う場合にはその補助）を行うこと。

5　心理担当職員の資格要件
　　心理担当職員は、学校教育法（昭和22年法律第26号）の規定による大学の学部で、心理学を専修する学科若しくはこれに相当する課程を修めて卒業した者であって、個人及び集団心理療法の技術を有するもの又はこれと同等以上の能力を有すると認められる者とする。

6　設備等
　　児童福祉法施行規則（昭和23年厚令第11号）及び「児童自立生活援助事業（自立援助ホーム）の実施について」（平成10年4月22日児発第344号）に定める自立援助ホームの設備等の他、入居児童等の状況により必要な心理面からの支援を行うために必要な設備等を設けること。

7　事業の実施にあたっての留意事項
(1) 指導員と連携の上、入居児童等との信頼関係の構築に努めること。
(2) 効果的に入居児童等に対する支援ができるよう児童相談所、ハローワーク等関係機関と緊密に連携を図ること。

(3) 入居児童等の意向に配慮すること。

(4) 入居児童等の個人の身上に関する秘密が守られるよう十分配慮すること。

(5) 入居児童等が自立援助ホームを退居するまでの間に就職先（就労が難しい場合には次の福祉サービス）を確保できるよう努めること。


8　経費の補助

　　国は、予算の範囲内において都道府県が事業のために支出した費用について、別に定めるところにより補助するものとする。


（別紙3）

指導委託促進事業実施要綱

1　目的

　　児童相談所における児童虐待相談対応件数は、増加の一途をたどっており、複雑・困難なケースも増加している。このため、都道府県又は児童相談所が行うこととされている要保護児童又はその保護者に対する指導などの業務について、専門性を有した民間団体を積極的に活用することにより、児童虐待の発生予防の充実を図るとともに児童虐待発生時の迅速・的確な対応を行う体制の強化を図ることを目的とする。


2　実施主体

　　この事業の実施主体は、都道府県（指定都市及び児童相談所設置市を含む。以下同じ。）とする。


3　事業内容

　　この事業は、地理的要件や過去の相談経緯その他の理由により、児童家庭支援センターその他の指導を行う者として適切な水準の専門性を有する機関であると認められる者（以下「指導機関」という。）による指導が適当と考えられる事例について、児童福祉法第26条第1項第2号又は同法第27条第1項第2号の規定に基づき、児童相談所長又は都道府県が指導機関に委託して指導を行うものとする。


4　指導機関の要件

　　指導機関は、以下のいずれにも該当するものとする。

（1）委託に係る業務を適切かつ確実に行うことができると認められる法人であること。

（2）委託に係る指導に従事するものとして、次のアからウのいずれかに該当する者を置いていること。

　ア　児童福祉法第12条の3第2項第2号に該当する者

　イ　児童福祉法第13条第3項各号のいずれかに該当する者

　ウ　児童相談所長又は都道府県知事（指定都市及び児童相談所設置市の市長を含む。）がア又はイに掲げる者と同等以上の能力を有すると認める者

5　事業の実施にあたっての留意事項

（1）本事業による委託は、施設入所までは要しないが、要保護性がある又は施設を退所後間もないなど、継続的な指導措置が必要とされる子ども及び家庭であって、地理的要件や過去の相談経緯、その他の理由により指導機関による指導が適当と考えられる事例に対して行うこと。

（2）指導機関に委託して指導を行う場合には、予めその旨を子どもや保護者等に十分説明し、その同意を得た上で行うことを原則とし、委託による指導が決定した場合には、児童相談所は指導機関に対し、指導について参考となる情報を詳細に伝達するとともに、指導機関が的確な援助計画を作成できるよう助言を行うなど、指導の一貫性、適格性が確保できるよう努めること。

（3）指導機関が委託による指導が適当ではないと認めるに至った場合には、速やかに児童相談所にその旨の意見が述べられるよう体制を整備すること。

（4）指導機関から定期的に指導の経過報告を求めるとともに、必要な助言、援助等を行うなど、指導機関と十分に連携を図ること。

6　経費の補助

　　国は、予算の範囲内において都道府県が事業のために支出した費用について、別に定めるところにより補助するものとする。

＊令和3年4月末に厚生労働省に確認したところ、「児童家庭支援センター設置運営要綱」の「4の事業内容等（3）都道府県（指定都市及び児童相談所設置市を含む。以下同じ。）又は児童相談所からの受託による指導」について、その対象となる「継続的な指導措置が必要であるとされた児童」として、「18歳到達後も継続的な指導措置が必要な者を含む」ことを明示化するための通知改正が検討されている。

指導委託に関し、先行的に策定された福井県の実施要綱を以下、モデル規定として掲載する。

# 福井県児童家庭支援センター指導委託実施要綱

（令和3年3月1日施行）

## 【目的】

第1条　児童家庭支援センター指導委託に関して、児童家庭支援センターと児童相談所の役割や指導内容の基準を明確化することにより、対象となる児童や家庭に対する支援を迅速かつ的確に行い、両者の相談支援体制や連携を強化することを目的とする。

## 【事前協議】

第2条　児童相談所は、指導委託を検討する場合には、事前に児童家庭支援センター等と指導委託に関する次の各号に掲げる事項について協議する。

(1) 指導委託に関する調整および指導内容に関すること

(2) 児童相談所と児童家庭支援センターとの役割分担に関すること

(3) 市町要保護児童対策地域協議会の関係機関との情報共有や支援方針に関すること

(4) その他、指導委託に必要な事項に関すること

## 【所管】

第3条　指導措置の対象となる児童や保護者等に対する十分な説明および了解を得ること、また、委託の趣旨、委託後の指導のあり方等を記載した児童相談所援助指針票の作成等は、児童相談所が行う。

援助指針票に基づく委託後の指導については、委託先の児童家庭支援センターが行うものとする。

## 【対象者】

第4条　施設入所までは要しないが、要保護性がある、または施設を退所後間もない等、継続的な指導措置が必要とされる児童および家庭であって、児童福祉法第26条第1項第2号、第27条第1項第2号による指導が必要と認められ、地理的要件や過去の相談経緯、その他の理由により児童家庭支援センターによる指導が適当と考えられるものとする。具体的な対象者は次の各号に掲げるものとする。

なお、指導委託については、対象となる児童1人につき1件とする。

 (1) 乳幼児のいる世帯

 (2) 性加害／性被害の児童のいる世帯

 (3) 一時保護所および施設等から家庭引取りとなった児童のいる世帯

 (4) 前各号に掲げるもののほか、児童相談所長が認めるもの


【指導内容】第5条　児童家庭支援センター指導の具体的な指導内容は概ね次の各号に掲げるものとする。

 (1) 児童に対する心理療法等のカウンセリング

 (2) 児童に対する家庭訪問等による生活支援、登校支援

 (3) 保護者に対する通所、家庭訪問等による相談支援、生活支援

 (4) 保護者との情報および支援の共有（電話等による連絡）

 (5) 関係機関連携による支援の実施、情報共有

 (6) 前各号に掲げるもののほか、児童相談所長が認めるもの


【指導回数】

第6条　前条第1号から第3号のいずれかによる指導については、原則として週1回以上とする。ただし、前条第1号から第3号の指導内容の重複を妨げるものではない。また、前条第4号から第6号については、必要に応じて行うものとする。


【児童福祉司指導措置の併用】

第7条　児童相談所は、必要に応じ児童家庭支援センター指導委託と児童福祉司指導措置をあわせて行う等、両者の密接な連携を図るとともに、柔軟な対応を図る。この場合、両者の役割分担を明確にしておく。また、児童福祉司指導措置を行わない場合にも、3か月に1回は児童や保護者に対して状況確認を行う。


【援助指針票の作成】

第8条　児童相談所は、対象となる児童や保護者、児童家庭支援センターと十分な協議を行った上で、指導委託内容を含む児童相談所援助指針票を作成しなければならない。また、見直し時期および終結の目処を明記するものとする。見直し時期は開始日から起算して、原則3か月から6か月後とする。


【指導委託開始】

第9条　児童相談所は、児童家庭支援センター指導委託を開始する場合、指導措置決定通知書、児童相談所援助指針票を児童家庭支援センターあて送付するものとする。

【援助計画書】

第10条　児童家庭支援センターは、児童相談所援助指針票の指導委託内容を踏まえ、指導受託開始後14日以内に援助計画書（様式1）を作成して児童相談所に提出しなければならない。なお、児童相談所援助指針票を見直した場合等も同様とする。

【報告】

第11条　児童家庭支援センターは、指導内容について翌月10日までに報告書（様式2）にて措置元の児童相談所長に報告しなければならない。なお、状況に変更があった場合には、この限りではない。また、報告書（様式2）の記載内容を満たしている場合は、任意の様式で提出しても差し支えない。

【状況確認】

第12条　児童相談所は、指導を委託した事例について、児童家庭支援センターの指導状況を常時把握するよう努めるとともに、必要な指示、指導、援助等を行う。また、3か月に1回は児童家庭支援センター担当者と対面で指導内容を確認し、指導内容の見直し等を協議する。協議の際には、前条の報告書（様式2）等をもとに指導内容の確認、見直しを行う。なお、委託開始後3か月間は毎月児童家庭支援センター担当者と指導内容の確認等を行う。さらに、必要に応じ児童家庭支援センター職員を含めた事例検討会議を開催する。

【処遇困難事例の報告】

第13条　児童家庭支援センターは、第5条第1号から第3号の指導内容について、処遇困難となった場合には、第11条の報告書（様式2）等により児童相談所に報告しなければならない。なお、報告を受けた児童相談所は、児童家庭支援センターの指導状況を確認するとともに、必要な指示、指導、援助等を行わなければならない。

【処遇困難事例の検討】

第14条　児童相談所は、前条の報告以降もなお処遇困難な状態が続く場合には、支援の見直しや指導内容の変更が必要な事例であることから、見直し時期前においても、指導継続の要否やその他措置の必要性を児童相談所内の援助方針会議で検討しなければならない。

【指導委託継続の要否】

第15条　児童相談所は、児童家庭支援センターと十分な協議を行った上で、児童相

談所援助指針票の見直し時期前には、指導委託継続の要否を児童相談所内の援助方針会議にて検討しなければならない。

【指導委託継続】
第16条　児童相談所長は、前条の援助方針会議にて指導委託継続の必要があると判断された事例について、指導委託を継続することができる。継続する場合には、児童相談所援助指針票を児童家庭支援センターあて送付するものとする。また、児童相談所援助指針票には、見直し時期を明記するものとする。見直し時期は、前条の援助方針会議の開催日から起算して、原則3か月から6か月後とする。

【指導委託解除】
第17条　児童相談所長は、第15条の援助方針会議にて指導委託の必要はないと判断された事例について、指導委託措置を解除することができる。解除する場合は、措置解除決定通知書を児童家庭支援センターあて通知する。

【指導委託費用】
第18条　指導委託費は、国の基準省令に準ずる。

【要保護児童対策地域協議会との連携】
第19条　児童相談所は、指導を委託する事例について、市町の要保護児童対策地域協議会に要保護児童等の登録を依頼する。また、指導委託開始の際には、必要に応じて個別ケース検討会議を開催し、関係機関での情報や方針を共有するとともに実務者会議の進行管理において、定期的に状況確認するように努めるものとする。

【附則】
この要綱は、令和3年3月1日から施行する

# 「児童相談所運営指針」より一部抜粋
（令和2年3月31日改正）

第8章　関係機関との連携
第7節　児童家庭支援センターとの関係
1．児童家庭支援センターの位置付け
(1) 児童家庭支援センターは、児童相談所や市町村その他の関係機関と連携しつつ、地域に密着したよりきめ細かな相談支援を行う児童福祉施設である（法第44条の2第1項）。
(2) 児童家庭支援センターは次の業務を行う。
①　地域の子どもの福祉に関する、専門的知識及び技術を必要とする各般の問題に関する相談、必要な助言
②　市町村の求めに応じ、技術的助言その他必要な援助
③　児童相談所長の委託に基づく法26条第1項第2号、第27条第1項第2号の規定による指導
④　訪問等の方法による要保護児童及び家庭に係る状況把握
⑤　児童相談所、市町村、福祉事務所、児童福祉施設、要保護児童対策地域協議会、児童委員、母子・父子自立支援員、母子福祉団体、公共職業安定所、婦人相談員、保健所、市町村保健センター、学校等関係機関との連絡調整
⑥　要保護児童及び家庭に係る援助計画の作成
⑦　その他子ども又はその保護者等に対する必要な援助（設備運営基準第88条の4）
2．主な連携事項
(1) 児童家庭支援センター指導
ア　児童相談所長は、施設入所までは要しないが、要保護性がある又は施設を退所後間もないなど、継続的な指導措置が必要とされる子ども及び家庭であって、法26条第1項第2号、第27条第1項第2号による指導が必要と認められ、地理的要件や過去の相談経緯、その他の理由により児童家庭支援センターによる指導が適当と考えられるものについては児童家庭支援センター指導措置を積極的に行う。
　なお、本措置は、法第27条第1項第3号の措置により、児童福祉施設に入所した子どもの保護者に対し指導の措置が必要な場合にも行うこととする。
イ　児童家庭支援センターに指導を委託する場合は、子どもや保護者等に対しその旨十分説明し、了解を得ることを原則とする。
ウ　この場合、委託の趣旨、委託後の指導のあり方等について児童家庭支援センターと十分な協議を行うとともに、児童家庭支援センターが的確な援助計画を作成できる

よう助言を行うなど、指導の一貫性・的確性が確保できるよう努める。

エ　児童相談所は、指導を委託した事例について、児童家庭支援センターの指導状況を常時把握するよう努めるとともに、必要な指示、指導、援助等を行う。また、必要に応じ児童家庭支援センター職員を含めた事例検討会議を開催する。

オ　児童相談所は、必要に応じ児童家庭支援センター指導と児童福祉司指導を併せて行う等、両者の密接な連携を図るとともに、柔軟な対応を図る。この場合、両者の役割分担を明確にしておく。

(2)　その他の連携

ア　児童相談所は、児童家庭支援センターに対する技術的支援に努める。

イ　児童相談所は、児童家庭支援センターと、市町村、福祉事務所、要保護児童対策地域協議会、教育委員会、学校、保健所、母子相談員、婦人相談員、児童委員等、他の関係機関との仲介、調整を図る等、児童家庭支援センターの円滑な業務の遂行に向け支援、協力に努める。

# 「市町村子ども家庭支援指針」より一部抜粋

（令和 2 年 3 月 31 日改正）

第 5 章　関係機関等との連携

第 8 節　児童家庭支援センターとの関係

１．児童家庭支援センターの概要

　児童家庭支援センターは、児童相談所等の関係機関と連携しつつ、地域に密着したよりきめ細かな相談支援を行う児童福祉施設である（児童福祉法第 44 条の 2 第 1 項）。

２．児童家庭支援センターの業務

　児童家庭支援センターは次の業務を行う。

①　地域の子どもの福祉に関する各般の問題に関する相談、必要な助言

②　児童相談所長の委託に基づく児童福祉法第 26 条第 1 項第 2 号、第 27 条第 1 項第 2 号の規定による指導

③　訪問等の方法による要保護児童及び家庭に係る状況把握

④　児童相談所、市町村、福祉事務所、児童福祉施設、民生委員・児童委員（主任児童委員）、母子・父子自立支援員、母子福祉団体、公共職業安定所、婦人相談員、保健所、市町村保健センター、学校等関係機関との連絡調整

⑤　要保護児童及び家庭に係る援助計画の作成

⑥　その他子ども又はその保護者等に対する必要な援助

３．連携の内容とあり方

　児童家庭支援センターは、24 時間 365 日体制で相談業務を行っているため、夜間や休日における対応が可能である。

　市町村は、児童家庭支援センターに協力や支援を求めるなど、積極的な活用を図られたい。

# 第 2 部

# 社会的養育へのキーワード

# パーマネンシー

福岡市こども未来局
福井 充

　社会的養育を担う子ども家庭ソーシャルワークは何をめざして進むべきか。パーマネンシーは、その主要な指針となる。市区町村と児童相談所の実践は今、かつてない児童虐待相談件数を前に安全確認等に追われているが、虐待の早期発見だけでなく家族の脆弱性を見落とさずに養育機能を維持すること、一時的に親から離されたとしても子どもの時間感覚を考慮した期間内に永続性を感じられる養育環境での成長を保障することが、子どもを社会的に養育する目的といえる。実践を貫く共通目標となりうるパーマネンシーの視点から、市区町村及び児童相談所のケースマネジメントの方向性と、その中で発揮されうる児童家庭支援センターの役割を考える。

## 1. 社会的養育の共通目標としてのパーマネンシー

### (1) 子どもの最善の利益とパーマネンシー

　市区町村と児童相談所は、子どもを保護者とともに心身ともに健やかに育成する責任（児童福祉法第2条第3項）を果たすため、同意に基づく支援、行政上の措置（代替養育措置など）、家裁審判請求（親権停止など）のいずれにおいても、子どもの最善の利益（児童福祉法第2条第1項）の考慮を求められる。

　親子分離など親権をめぐる措置を考える際の基準となる「子どもの最善の利益（the best interests of the child）」を理論化したGoldsteinら[1]によると、子どもの健全な発達のためには「子どもの身体的・心理的ニーズに関心を払い、満たすことによって、子どもに自分が大事にされ欲されていると感じさせるこ

とのできる少なくとも一人の大人」（心理的親 psychological parent）が必要である。人間味なく定型業務のように身体的ニーズが満たされても幼児の注意関心は外界や親へ向かわず、「毎日の相互作用、交わり、経験の共有」を基礎に子どもと心理的な絆を形成した者が心理的親となりうる。これを踏まえ、子どもの最善の利益は「子どもに『心理的親のいる家庭的環境』を社会の責任として保障する仕組み」[2]、パーマネンシーは「心理的親との永続的な関係の下での養育環境」と定義づけられる[3]。そして、「心理的親との絆に介入し、それを分断することは、親が（社会的にみて）適切な親であろうが不適切な親であろうが、子どもにとって大きな情緒的ダメージを与える」ことなどから、家庭外措置は、措置せず家族を支援することで子どもが被る害よりも子どもにとって害が少ないと証明できる場合の選択肢として、子どもの発達段階に応じた主観的時間感覚を考慮して決定される必要がある[1][3][4]。

　また、措置された子どもの追跡調査などから、子どもが永続性を認識できることが養育の質を高めること[5]、永続性は、その家族がいつまでも続くと意図され、家族が子どもに傾倒し、共通の未来を当然のこととして関係の継続性が提供され、子どもに法的地位が与えられて所属感が促進されることから成ること[6]、長く続く里親委託は一見パーマネンシーのようにみえるが永続性の意図を欠いていること[7]が指摘された。永続性のある環境は、安全で妨げられない親子の情緒的な結びつきによって健康的な人間関係を築く方法を学ぶ機会を与え、いつどこに住むかが不明瞭ではない予測可能性によって所属感を促進する[8]。

## （2）パーマネンシープランニングの意義

　研究成果を踏まえ、1980 年の米国連邦法 Adoption Assistance and Child Welfare Act は、子どもにとって最も制限の少ない環境の順に、家庭から分離しないこと、できる限り早く家庭に戻すこと、それが不能又は不適切な場合は養子縁組することを目標とし、分離予防と再統合のためのプログラム創設を州に求めた。非永続的な環境にある子どもについては、その最善の利益が何であるか半年ごとに審査し、措置後 18 か月以内に家庭復帰、養子縁組、里親委託継続のいずれかを確定させる必要があり、親子分離や養子縁組を裁判所が決定するためには、より上位のパーマネンシーゴール（家族維持や再統合）を達成するための「正当な努力」[3]（Reasonable Efforts）の証明が求められた。パーマ

ネンシーゴールを定めて一定期間内にプログラム実施や交流促進による「正当な努力」を展開するケースマネジメント（パーマネンシープランニング）が発展した。

　親と子の絆は環境と子どもの結びつきの感覚（所属感など）を与えており、代替養育は、その理由に関わらず、アイデンティティの文脈から引き裂くことになることから、パーマネンシープランニングは、分離リスクがある子どもをも範疇に「生涯に渡る関係性の構築機会を提供できる家族のもとで暮らすことを、短期の限定的な期間内に支援するためにデザインされた、目的達成志向の強い一連の系統立った実践プロセス」であり、代替養育の措置をとる場合には「一時的な里親養育から子どもを移行する様々な選択肢の特定とその優先順位の設定」を必要とする[9]。パーマネンシーゴール、子と親への広範なサービス提供等のタスクとその責任主体、達成期限などの明確な設定、分離経験で生じた感情を子どもが取り扱うために欠かせない親子交流の積極的促進、頻繁なケース審査、素早い方針決定などの強固なケースマネジメントが重要であり、「この援助過程への積極的な参加を通じ、親は、子どもが家に復帰し留まるには何が必要とされるのか、必要なら家庭復帰以外の計画へ向けて何をすればよいのかを、よりよく理解することができる」[9]。

　さらに、1997 年の米国連邦法 Adoption and Safe Families Act は子どもの安全を第一に、慢性的虐待や性的虐待などについて「正当な努力」を必須としない例外的対応を認めるとともに、複数のゴール設定を可能とし、再統合と養子縁組の準備を同時に進めて遅滞のないパーマネンシー達成をめざす並行プランニング（concurrent planning）が発達した。近年は、法的関係が保障された親族による養育も主要なパーマネンシーゴールと考えられているほか、親との関係を継続している年長児などの場合には長期里親養育も下位のゴールとして許容されている[8]。優先順位の適用には注意深い個別アセスメントが必要であるが、パーマネンシーは、子どもの安全、ウェルビーイングとともに、米国における子ども家庭ソーシャルワークの共通目標であり続けている。

## 2. 実践の課題と方向性

### （1）ケースマネジメントの課題

　2016年の改正児童福祉法は、父母や親族による養育の維持が最重要であることを明確にし[10]、その後改正された児童相談所運営指針は、相談援助活動の原則として、まずは家庭復帰に向けた努力を最大限に行い、それが困難な場合は親族・知人による養育、さらには特別養子縁組を検討し、これらが子どもにとって適当でない場合に里親等への措置を検討することを定め、「子どもの養育の永続性を保障するソーシャルワーク」を児童福祉司任用後研修の到達目標に含めた[11]。市町村は、「いくつかの機関を結び付けて支援を複合的に行う（中略）コーディネーター」となること、「分離された子どもの保護者や家族を継続的に支援する」ことや「措置解除後に（中略）集中的な支援を行う」ことを求められている[12]。

　しかし、増加し続ける児童虐待相談件数への対応や安全確認に追われる中、市町村では人事異動の周期が短かく人材が定着しないことや専門職人材の確保が課題となっており[13]、代替養育措置をもって事案を終結する市町村もある[14]。児童養護施設在所児童の58.3％が自立まで現在のまま養育の見通しであり19.9％は家族と交流がない[15]が、親族又は養子縁組への移行は退所児童の3％未満であり、入所後4年を超えると家庭復帰割合は5割を切り多くが18歳到達まで入所となっている[16]。福岡市の調査では、3年以上在所している児童の64％が入所時に家庭復帰目標であったが、その46％に調査日現在家庭復帰の見込みがなかった[17]。家族交流のある里親委託児童は約3割と少なく[15]、養育里親が養子縁組と同様の目的で運用されていることも推察される。

　人員と人材の充足はもちろん、在宅支援や措置の目的（パーマネンシー達成等）を理解し、家族との合意に基づく計画策定、親子関係構築の促進、定期的な再審査、素早い方針決定などから成るパーマネンシープランニングを可能とする仕組みづくりが必要だと考えられる。児童家庭支援センターへの援助依頼や指導委託においても、市区町村や児童相談所がプランニングの主体として家族とともに設定した目標を達成するために児童家庭支援センターの相談支援や提供プログラムを活かすケースマネジメントの視点が重要となる。

## （2）社会的養育の鍵を握る実践の方向性

　ケースマネジメントに役立つ手法や資源として、家庭復帰に向けて管理的な設定から段階的な親子再接触を節目に親子関係を評価するアプローチ[18]、サインズ・オブ・セイフティなど家族参加によるプランニングのための面接手法、様々なペアレンティングプログラムなどが実践現場に広がりを見せている[19]。

　また、パーマネンシー達成に役立つ施策として、市町村子ども家庭総合支援拠点の設置、児童家庭支援センターの機能強化などの体制強化、育児家事援助やショートステイなど在宅支援サービスの充実、市町村への指導委託や家庭裁判所の保護者指導勧告、児相長申立てに基づく養子適格性確認と父母同意撤回制限手続きなどの制度的枠組みが充実しつつある。

　これらの手法や資源、施策は、目的をもった一貫性のあるケースマネジメント実践によって適切なタイミングで用いられることにより、効果的に子どもと家族に届き、社会的養育を実現する。日本の制度上、親子分離の前にも後にも司法関与は少なく審査期限も法定されていないため、米国の手法の一律な援用はできないが、子どもにとってのパーマネンシーの重要性は共通のものだと考えられる。パーマネンシープランニングの考え方に基づく手法・資源・施策の活用によって、場当たり的な対応や安全確認に終始しない腰を据えた社会的養育の実践が期待される。

　一部の児童相談所では、専任のチームを設け、施設入所当初からの家族参画によるパーマネンシーゴールや交流計画、その評価期限の設定、乳児院や児童養護施設との協働による交流促進、施設入所児童の定期的な評価会議に基づくゴールの再検討、親族調査の徹底による親族養育（バックアッププラン）の準備、家庭復帰前からの市区町村等の関与などの一連のケースマネジメントにより、退所児童に占めるパーマネンシーゴール（家庭復帰・親族養育等）の達成割合を高めた実践がみられる[20)21)]。施策の方向に噛み合ったケースマネジメントの展開により、個々の子どもにとってのパーマネンシーを早期に確定させ、安定したアタッチメントの形成やアイデンティティの獲得を促し、心身の健やかな成長と自立（児童福祉法第1条）をめざすことが、実践が向かうべき大きな方向性といえる。

## 3. 児童家庭支援センターの役割

　市区町村や児童相談所がケースマネジメント対象とする子どもと家族の援助や指導（児童福祉法第44条の2）においては、「正当な努力」の充実とパーマネンシーの質的向上に児童家庭支援センターの機能が発揮されうる。

### （1）「正当な努力」の充実——パーマネンシーゴール達成に向けて

　家族維持や家庭復帰などの上位目標に向けてマネジメントされるサービスの改善はパーマネンシー達成の重要な要素となる。これが不十分では、親子分離や養子縁組への移行も正当化されない。近年の英国の判例でも「他にやるべきことをすべてやった」ことが養子縁組の要件となっているが、「すべてやった」か否かが地域のサービス資源量に左右されている現状が課題となっている[22]。

　全国的に整備が進む児童家庭支援センターは、資源の地域差を埋めながら「正当な努力」の一翼を担いうる。ペアレンティングプログラム等の実施、行政よりも頻回な訪問による相談[23]、一部地域で行われている学校等での家族参加会議や里親ショートステイの調整などは、地域で家族を支える児童家庭支援センターならではのきめ細かな活動だろう。このような「正当な努力」の充実は、資源の限界によって親から分離される子どもを減らす役割を担っている。

　また、児童家庭支援センターは代替養育措置された子どもと家族の交流支援も担いうる。特に、里親委託児童の家族交流が少ない背景として、里親不足に伴う家族と里親家庭の物理的距離や、交流を促す仕組みの不足が考えられる。分離経験で生じた感情を子どもが取り扱い、長期委託せざるをえない場合も頻回な交流によって永続性の感覚を維持するため、設置母体である児童養護施設等の入所児童だけでなく、里親委託児童の送迎や場所の提供、面会の立ち合いなどによる親子交流支援や親子関係構築支援の創意工夫が期待される。

### （2）パーマネンシーの質的向上——パーマネンシーゴール達成後の支援

　パーマネンシーの質の維持・向上のため、パーマネンシーゴール達成（家庭復帰や親族養育、特別養子縁組への移行）後の支援が重要となる。米国ではAACWA成立後、「正当な努力」のための予算が投入されて家庭復帰や親族養育が増えた一方、再措置率が上昇し短期の措置が繰り返される、親族養育へ移

行後の実親との再統合に向けた努力が不足するなどの課題が生じた[24]。いったんパーマネンシーゴールを達成した後も、養育者との情緒的結びつきの安定性や、子どもが共通の未来を信じられる養育者の傾倒度合いなどを維持・強化し、パーマネンシーの質を高めるための支援が必要となる。

　そこで、家庭復帰前から親子に関わり、措置を経て深めた子どもへの思いを親が家庭復帰後も維持できる相談支援の継続が望まれるが、その持続的な関わりには、市区町村と児童相談所のどちらの支援段階にも関与できる児童家庭支援センターの力が活きると思われる。また、親族養育へ移行後、実親交流や家庭復帰が望ましい場合は、その支援がパーマネンシーに資すると考えられ、可能なら親族里親の枠組み（児童相談所によるケースマネジメント）の下、里親委託児童と同様の交流支援を児童家庭支援センターが担いうる。

　さらに、特別養子縁組後の養親子の関係構築も重要な課題である。早期からの段階的な真実告知に関する養親への助言、子どもとの面接（出自に関する疑問、希望など）に基づいて養親が誠実に子どもと向き合うための支援、場合によっては実親との再開や交流（手紙等含む）の調整など、一部の養子縁組あっせん機関が行っている息の長い関わりは、縁組成立（措置解除）により支援を終結する児童相談所による斡旋事例ではほとんど行われていない[25]。そのような支援をより多くの子どもに届けるため、児童家庭支援センターが委託を受けてこれを担うことも考えられるだろう。


## 4. おわりに

　米国で発展したパーマネンシープランニングは、ソーシャルワークの「過去の怠惰や不活動が家庭外措置された又はそのリスクのある子どもたちの非永続性やネグレクトを多く引き起こしてきた」[9]ことの反省の上に立っている。家族の養育の不安定さや、永続性の意図なく続く施設養育や里親養育を不活動によって見過ごすことなく、その子どもにとって誰が永続的に心理的親となりうるかを見定め、様々な手法・資源・施策を活かして実践を続けることが社会的養育を担うソーシャルワークの役割だといえる。児童家庭支援センターは、その発展に不可欠な要素を提供する存在として、多様な機能を創造し、より多くの子どもたちにパーマネンシーを保障する役割を担っていくことが期待されてい

る。

〔**参考文献**〕

1　Goldstein, J., Solnit, A. J., and Goldstein, S.（1973）Beyond the Best Interests of the Child, *The Free Press*.

2　芝野松次郎（2005）「子どもの最善の利益」の証（エビデンス）を求めて：ソーシャルワークにおけるリサーチとプラクティスを繋ぐ、先端社会研究2号359-399頁

3　畠山由佳子（2015）子ども虐待在宅ケースの家族支援—「家族維持」を目的とした援助の実態分析、明石書店

4　Goldstein, J., Solnit, A. J., and Goldstein, S.（1979）Before the Best Interests of the Child, *The Free Press*.

5　Janet, L., et al.（1978）A Follow-Up Study of the Oregon Project, ERIC Clearinghouse.

6　Emlen, A., Lahti, J., Downs, G., McKay, A., et al.（1977）Overcoming Barriers to Planning for Children in Foster Care, Regional Research Institute for Human Services, Portland State University.

7　Pike, V., Downs, S., Emlen, A., Downs, G. and Case, D.（1997）Permanent Planning for Children in Foster Care: A Handbook for Social Workers, US Department of Health, Education, and Welfare

8　Pecora, P. J., Whittaker, J. K., Barth, R. P. et al.（2019）The child welfare challenge: policy, practice, and research 4th edition, Routledge.

9　Maluccio, A.N., Fein, E., and Olmstead, K.A.（1986）Permanency planning for children: Concepts and methods, Tavistock Publications.

10　厚生労働省（2016）児童福祉法等の一部を改正する法律の公布について（通知）（平成28年6月3日）

11　厚生労働省（2018）児童相談所運営指針について（平成30年1月12日）

12　厚生労働省（2017）「市町村子ども家庭支援指針」（ガイドライン）について（平成29年3月31日）

13　子どもの虹情報研修センター令和元年度研究報告書（2021）市区町村における子ども家庭相談実践事例に関する調査研究（第2報）（研究代表者川松亮）

14　子どもの虹情報研修センター平成28年度研究報告書（2016）市区町村における子ども家庭相談実践の現状と課題に関する研究—政令指定都市・児童相談所設置市編（研究代表者川松亮）

15　厚生労働省（2020）児童養護施設入所児童等調査の概要（平成30年2月1日現在）

16　厚生労働省（2016）里親支援専門相談員等の調査結果（第7回 新たな社会的養育の在り方に関する検討会資料）

17　福井充・中村有希・藤林武史（2017）福岡市における施設入退所調査に基づく家庭移行支援の取り組み、子どもの虐待とネグレクト第19巻第2号222-230頁

18 山本恒雄・有村大士・永野咲ほか（2012）児童相談所における保護者援助のあり方に関する実証的研究、日本子ども家庭総合研究所紀要 49 集

19 加藤則子・川松亮・坂戸美和子ほか（2014）児童相談所における保護者支援のためのプログラム活用ハンドブック（平成 24〜25 年度厚生労働科学研究費補助金政策科学総合研究事業）

20 藤林武史（2018）児童相談所改革と協働の道のり、105-160 頁、明石書店

21 福井充（2021）自治体での実務経験から考える社会的養育を支える実践・施策・研究の協働、第 3 回 FLEC フォーラム報告書 17-19 頁、全国家庭養護推進ネットワーク、https://isephp.org/info/03flec_houkokusho-pdf/

22 Gupta, A. and Jones, L.E（2016）Re B-S: a glass half full? An exploration of the implications of the Re B-S judgment on practice in the family courts

23 子どもの虹情報研修センター平成 28 年度研究報告書（2016）児童家庭支援センターの役割と機能のあり方に関する研究（第 1 報）（研究代表者川並利治）

24 Fein, E. and Maluccio, A.（1992）Permanency planning: Another Remedy in Jeopardy?, The University of Chicago Press Journals

25 厚生労働省（2017）特別養子縁組に関する調査結果について

# 家族再統合と居場所

実践女子大学生活科学部
**大澤朋子**

## 1. はじめに

　ちょっとおゆるしいただいて、筆者が4年前に転職したときの体験談から始めたい。社会福祉の学科で学び、いくつかの社会福祉士養成校での勤務を経て、現在の保育士養成校に勤務することになったとき、大げさに言えば私は初めて「福祉畑を出」た。担当科目は福祉系のものばかり、慣れ親しんだ女子大学でもあり、当初はあまり、いやまったく心配していなかった。だがすぐに混乱した。なにしろ学生たちの使っている言葉が分からない。シドウアン？　スバナシ？　これまで聞いたことのない単語が飛び交う。学生に対する見立ても、他の教員とどこか違う気がする。まるで保育・教育のプロ集団にひとり素人が紛れ込んでしまったような心細さだ。私はここに居ていいのだろうか？　不安を打ち消すために、なにか学科に貢献できることはないかと必死に探す日々が始まった。

　東畑開人の『居るのはつらいよ』にこんな一節がある。「居るのはつらいよ。何もしないで「ただ、いる、だけ」だと穀潰し系シロアリになってしまった気がしてしまう。それがつらいので、それから何か月ものあいだ、僕は何かをしているフリをすることにした。」誰もがここに居ていいと認めてほしくて焦ってしまう。実親と離れて社会的養護に措置された子どもたちは、あらたな「居場所」となるはずの施設や里親宅で、また新しい学校や保育所で、このような不安を感じているのではあるまいか。今振り返れば、筆者はちょっとしたカルチャーショックから過剰に適応しようとしていたに過ぎないのだが、ようやく

焦りや不安を感じなくなった頃、入職から半年ほどが経っていた。

## 2. 居場所ってなんだろう

　「居場所」とはなんだろうか。近年、子どもの居場所づくりの取り組み例を目にすることが多くなった。教育学者の住田によれば、居場所が注目され始めたのは 1980 年頃だという（住田 2003）。不登校児童の日中の居場所への関心から始まり、放課後の子どもの居場所が話題になり、現在では貧困問題との関係で論じられることが多い。居場所を構成する要素として、田中は①場所、②人間関係、③未来への展望（時間）の 3 要素をあげている（田中 2001・2015）。居心地のよい安全な空間と、安心できる人間関係があり、ロールモデルとなるやや年長の人がいて近未来への時間的展望をもてる場所が「居場所」ということになろうか。住田は安心感を覚え自分が必要とされているところ、すなわち「自分を受け容れてくれるところ」が居場所であり、①空間性、②関係性という客観的条件、③意味づけという主観的条件が構成要件にあるという（住田 2003・2004）。また増山は居場所を物理的空間であると同時に心理的精神的側面を満たす場所であるとし、①ホッとできる空間、のびのびできる空間であること、②生きることへの「期待感」を持てる場であること、③子どもの役割、持ち場、立場があり、「あてにされる存在」でいられることの 3 要素をあげている。さらに萩原は①場所性・身体性、②関係性、③時間性の 3 要素が居場所を構成するとしている（萩原 2009）。これらの先行研究に共通するのは、「居場所」とは自分の身体が生きて存在する物理的な「場」であり、かつ他者との相互承認の「関係」が存在するところだということだ。そこに居ることを他者から受け容れられ、集団において何らかの役割を与えられて存在することをあてにされ、あるいはいずれそのような存在になりたいと思うモデルを見出して自己のポジションを獲得していくところが「居場所」であると整理できるだろう。

## 3. 家族再統合と居場所

　社会的養護は、家庭という子どもにとって本来無条件に安心できるはずの「居

場所」を失った子どもに、育ちの場を提供する社会システムである。施設養護か家庭養育かによって規模の差はあるものの、いずれも①物理的な生活の「場」、②職員や里親から存在を丸ごと受け容れられる安心と信頼に基づく「関係」、さらに③子ども集団や養育家庭内での「役割」の付与というという「居場所」の要件を備えている。また措置解除された若者に対しても、そこに安定して存在し、いつでも立ち寄ることのできる実家的な存在として「居場所」機能の一部を提供しているといえよう。だが今日の社会的養護の役割はそれだけにとどまらない。施設養護は実父母と生活を共にできない事情のある子どもにとって問題解決のゴールではなく、通過点に過ぎないことから、今日では可能な限り早期の家庭復帰や特別養子縁組を目指し、それが見込めない場合には里親委託等のより家庭的な環境での代替養育への措置変更を目指すこととされている。日常のケアを超えて実親家庭に積極的に働きかける支援を家族再統合支援または親子関係再構築支援といい、この支援を担うのが家庭支援専門相談員である。

　家族再統合は家庭復帰だけを意味しない。厚生労働省が 2014 年に作成した『社会的養護関係施設における親子関係再構築支援ガイドライン』においては、「子どもと親がその相互の肯定的なつながりを主体的に回復すること」と定義されている。ここで想定されている支援は、図 1 に示すように家庭復帰に至るまでの支援に加え、その後の継続した支援、特別養子縁組などの永続的な養育の場の提供、さらに親子分離を伴わず在宅指導となった親子の虐待予防や関係修復のための支援も含まれる。また、親子が一定の距離を保ちながら納得しあえる関係を探ること、交流も望ましくない場合には子どもが親との関係について心の整理をしていくことまで含まれる非常に広義の内容である。

　筆者も、児童養護施設の家庭支援専門相談員への調査から、児童養護施設における家族再統合を「分離を経験した親子が、種々の支援により双方の課題を達成して、子育ての「場」としての「家庭」へ子どもが包摂されること、および物理的・心理的距離に関わらず親子の「関係」を維持すること」と定義した（大澤 2014）。ここでは特に家族再統合を定義する要素に居場所の構成要素でもあった「場」や「関係」という同じ言葉が使われることに注目したい。もっとも統合の度合いが高い家庭復帰は、子どもの物理的な生活の「場」が実親の家庭に存在し、親と子の「関係」が相互承認的な関係に回復したことを意味するため、実親の家庭が子どもの「居場所」としての機能を回復したといえよう。

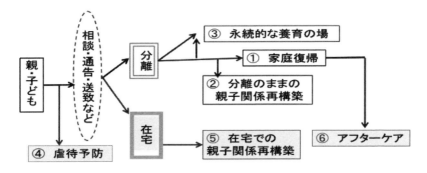

**図1** 親子関係再構築支援の種類（『社会的養護関係施設における親子関係再構築支援ガイドライン』より）

一方、統合の度合いが低い家族再統合は新たな親子「関係」の構築と説明されるが、実際には親子の相互承認的な「関係」が結ばれたわけではない。子どもが親にも困難な事情のあることを理解し、今後とも親には頼れないことを受け止め、将来的に親の存在を許せるよう心を整理していくこと、それはもはや親子「関係」というより、子どもの親への一方的な「眼差し」に近い。そこには子どもが受け容れられていると感じられる信頼「関係」も、家族の一員としての「役割」の付与も存在せず、生活のための物理的な「場」を実親と共有することもない。実親の生活の「場」にも、新たな親子「関係」にも子どもの「居場所」としての機能は働かない。

　むろん、子どもの「居場所」を実親の生活の「場」だけに限定する必要はなく、また子どもが自立年齢に近づけば、「場」と「関係」とは不可分のものではなくなる。施設や里親宅がある子どもにとっては完全な、またある子どもにとっては部分的な「居場所」機能を発揮することもあろうし、施設退所者のピアグループ、学校や職場などへの帰属も「居場所」機能を持ちうる。子ども自身が将来自分の家族を築くことで新たな「居場所」を獲得することもあるだろう。重要なことは、措置や措置解除、家族再統合によって子どもの生活環境が大きく変化するとき、その子どもにとってどこが「居場所」となりうるのかを見極めること、どこにも「居場所」のない状態をつくらないことだ。

## 4. 地域のなかに子どもの居場所をつくる

　筆者がある児童家庭支援センターを訪問した時のこと、本体施設である児童養護施設を見学していると、子どもたちが口々に「飴ちょうだい」とセンター長に寄ってきた。「1日1個まであげるようにしているんです」とセンター長。子どもになにか話したいことがあるとき、ただ相談に来るのはハードルが高いが、「飴をもらいに来た」という口実があると来やすくなる。その「来やすさ」を日頃からつくる工夫が1日1個の飴なのだそうだ。施設の中にもホールや中庭など遊ぶ場所はあるが、居心地の悪くなった子どもが隣接するセンターにふらりとやってきて、しばらくひとりで過ごして帰ることもあるという。児童養護施設は子どもたちに家庭に代わる「居場所」を提供しているが、それでもときにはほかの「居場所」が必要になることもある。

　では、地域で暮らす子どもたちはどうだろうか。全国の児童相談所や市町村に寄せられる児童虐待相談件数は増加の一途をたどっている。しかし子どもが一時保護され、親子分離に至るケースはごくわずかであり、大部分は子どもが在宅のまま指導や見守りケースとなる。また義務教育年齢の不登校児童生徒の割合も微増しており、中学生では4％に近い生徒が不登校の状態である（文部科学省 2020）。これらの子どもたちにとって、家庭や学校は居心地悪く「居場所」たりえていないが、社会的養護が必要とされるほどの緊急性はない。このような地域に暮らしながら安心感を得られない子どもたちには、どこが「居場所」となりうるのだろうか。

　家庭が「居場所」機能を果たせていない子どもには、保育所や学校、放課後児童クラブなどが「居場所」を提供できるだろう。学校に「居場所」のない子どもには、フリースクールや民間機関、児童館等の地域子育て支援拠点が「居場所」を提供できるかもしれない。自治体が設置する子育てひろば等は家庭内で息の詰まる思いをしている乳幼児と保護者が一息つける居場所となっている。これらはいずれも日中の居場所である。一方、入所機能をもつ児童養護施設等の社会的養護は、地域で暮らす子ども・子育て家庭にとってさらに独自の「居場所」となりうる可能性を有しているのではないか。たとえば保育所や学校が休みになり虐待のリスクが高まる週末や長期休暇、あるいは保護者の帰宅が遅い平日夕方のみ社会的養護を利用させ、家庭との二拠点生活を可能にする。育

児不安の高まった母子を一時的に受け入れ、子育てと家事をサポートする。保護者との関係が悪化した思春期の子どもを宿泊させ、家出による非行化や事件の被害を未然に防止するシェルター機能を果たす。まるで祖父母宅を頼るような柔軟な利用が可能になれば、親子分離や生活圏の変更なしに子どもの安全を確保し、地域での生活を維持することも可能になるだろう。社会的養護が地域で暮らす子どもの「居場所」となり、地域の中に子どもの育ちと子育ての基盤をつくることができる。社会的養護を地域にひらく新しいしくみの創設である。むろん施設の地域偏在やリスク判定、措置費制度など課題も多い。だが子どもの「居場所」は多様な機関が提供できることが望ましく、変革期にある社会的養護にはその機能を担うことが期待される。

〔文献〕

大澤朋子（2014）：児童養護施設における家族再統合―「場」への包摂と「関係」への収斂

大澤朋子（2019）：社会的養護と子どもの「居場所」，実践女子大学生活科学部紀要，56，61-68

大澤朋子（2020）：地域を基盤とした子育ち・子育ての保障，実践女子大学生活科学部紀要，57，55-65

厚生労働省（2014）：社会適応後関係施設における親子関係再構築支援ガイドライン

住田正樹（2003）：子どもたちの「居場所」と対人的世界，住田正樹・南博文編著：子どもたちの「居場所」と対人的世界の現在，九州大学出版会，3-20

住田正樹（2004）：子どもの発達と子どもの居場所，青少年問題，51（1），10-15

田中治彦（2001）：子ども・若者の変容と社会教育の課題，田中治彦編著：子ども・若者の居場所の構想，学陽書房，15-35

田中治彦（2015）：子ども・若者の居場所，子どもと読書，414，2-5

東畑開人（2019）：居るのはつらいよ―ケアとセラピーについての覚書，医学書院

萩原建次郎（2009）：子ども・若者にとっての居場所の意味再考―身体的自己の抑圧と生成の関係構造分析から，立教大学教育学科研究年報，53，65-77

増山均（2014）：子どもの居場所とは何か，子どもと読書，405，2-5

文部科学省（2020）：令和元年度児童生徒の問題行動・不登校等生徒指導上の諸課題に関する調査結果について

# ライフストーリー

児童養護施設子供の家
楢原真也

## はじめに

　私たちは誰もが、自分の人生の物語（ライフストーリー）を紡ぎながら生きている。「自分はこういう人間だ」「私はこうやって生きてきた」「僕の人生にはこんなことがあった」といった自己物語は、養育者が子どもたちの育ちに寄り添い、さまざまな経験を共有し語りあい、「あの時こんなことがあったよね」「ここ、みんなで遊びに行ったよね」など、親密な関係性のなかで過去の出来事を振り返る過程を通して形作られていく。そこには客観的な事実と、同時にそれに対する主観的な意味づけが付与されている。そのため、過去に起こった歴史（客観的なライフヒストリー）は変わることはないが、それに対する自身の受けとめ方（主観的なライフストーリー）は変化しうる。肯定的なライフストーリーは自分自身の支えとなると同時に、他者や社会に自分を提示する基盤となる。自分のアイデンティティが明確であり、他者に自己を語れることは、誇りや自信を抱きながら生きていくために大切になる。

　しかし、児童養護施設（以下、施設）をはじめ社会的養育のもとで暮らす子どもたちは、養育者とのあたたかな体験を十分に持てなかったことが多く、自分の意志とは無関係に、住み慣れた地域や慣れ親しんだ友人たちと離れ、生活をしている。そのため、子どもたちの中には、なぜ施設で暮らすのか理解していなかったり、入所前の度重なる分離・喪失体験や養育者の交代、慢性的な被虐待体験などによって過去の記憶が想起できなかったり、自己評価や自尊心が大きく低下していることもある。容易に打ち明けられない秘密を抱えることに

よって、他者との疎外感や隔絶感が生まれてしまうこともあれば、両親の名前、名前の由来、血液型、出生地、国籍など自分を構成するはずのごく基本的な情報さえ知らず、アイデンティティの曖昧さに苦しんでいることもある。このような事情から、「私のお母さんはどんな人なんだろう…」、「僕はどうせ捨てられた子どもなんでしょ」など、自分の出自や家族にまつわる事柄に思い悩み、自分なりの答えを求めていることが多い。彼らのライフストーリーには必然的にネガティブな要素、空白、混乱、ファンタジーなどが含まれることがある。そのため、子どもたちにとっての重要な事実（生い立ち、家族の状況、入所理由など）を支援者との間で分かちあい、肯定的な物語を形成するための支援（ライフストーリーワーク）が必要になることがある（楢原，2015）。

## 施設に入所した子どもたち

　自分の体験を言葉にする力がまだ未発達な幼い子どもたちにとって、とりわけ不適切な養育を受けた子どもたちにとっては、自分の歴史をまとまった物語として語ること自体が困難である。そのため、まずは日々の生活が持つ治癒力に目を向け、子どもが安心して自分を表現できる環境を整えていくことが支援の基本になる。安心・安全な時間や信頼できる大人の存在に支えられ、彼らは少しずつ自分の体験や気持ちを表現するようになる。さまざまな場面で養育者が子どもの話に耳を傾け、そっと言葉を添えることによって、子どもの表現力は洗練されていく。子どもとの共通の思い出は、彼らの自分史の基盤にもなる。
　離れたあとも（離れたからこそ）、家族に対する子どもたちの思慕の情は強い。施設入所に自責感を抱き、「だって僕が悪い子だったからここに連れてこられたんでしょ」「もっといい子にしてたらお家に居られた」と話す子どももいる。母親が夜間の仕事に働きに出ており、お腹をすかせて夜間に徘徊していた子どもは、入所何年か経った後も、「自分が外に勝手に出ていったからここ（施設）に来た」と話していた。児童相談所が裁判所の令状を受けて実施する立ち入り調査によって保護された幼児は、遊びのなかで、「お家のなかにいたら、知らない人にさらわれて別のお家に連れてこられた」というストーリーを演じていた。ある小学生は自分の母親が出て行ったのは自分のせいだと感じており、「僕がお母さんのご飯を『おいしくない』って言ったからだ」と話していた。大人

側が子どもの安心・安全を考えて保護をした結果であっても、当の子どもたちは同じように捉えているわけではない。

家庭内で受けた暴力的な体験を率直に語り、「もう家には帰りたくない」ときっぱり話す子どもも存在する。しかし、それは、暴力をふるった相手の他に、子どものなかに実母などの頼りにできる存在がきちんといる場合であることが多い。特に小さな子どもの場合は、自分を愛し護ってくれるはずの親が自分を傷つけるのは、きっと自分が悪いからだ、と考えることがほとんどである。「もっと自分がいい子だったらきっと親は自分を大切にしてくれたはずだ」と。児相や施設の職員がそうではないよと一生懸命説明したとしても、彼らの思いがすぐに覆ることはほとんどない。たとえ頭では理解したとしても、心のどこかで子どもたちは自分が悪いのだと思い続ける。

家庭での自分の体験を他者には知られまいと、ひた隠しにする子どもたちもいる。自分の家庭が「貧乏」であるということが恥ずかしいから、アルコール依存症である母親が再度飲酒をしたことを関係者に隠したいから、精神病である母親の行動や感情の動きが理解できないから、本当のことを話すと「ジソウ」に連れていかれてしまうから、借金取りから逃げていることを誰にも言えないから、離婚した父親のことを口にすると母親が不機嫌になるから…。子どもだけで背負っていくには過酷な体験であるが、大切な親を貶めるかもしれないことを、会ったばかりの大人には話せない。ことばにするには、自分の容量を大きく超えている。彼らが複雑な胸の内を表現できるのは、もっと後になってからである。

私たちは、子どもたちの胸中に実親に対する複雑な思いがあることをまずはそのまま認め尊重しなくてはならない。そして、良かったことも悪かったことも彼らの歴史の一部として大切に抱え、必要なときに信頼できる人に語ることができるよう、子どもたちの傍らに添うことが求められる。


## 施設という場所

子どもたちの多くは、施設に入所した日のことをよく覚えており、どんな人がどんなふうに自分に話しかけてくれたか、どんなものを食べたか、何年の何月何日か、驚くほど詳細に記憶している。それは、社会的養育への移行は、子

どもたちにとっては良くも悪くも人生が変わる瞬間であるからだろう。

　そして、3食ご飯が食べられること、毎日お風呂に入ったり下着を替えること、間違ったことをしたときに殴られるのではなく言葉で理由を説明されること、毎日の生活の繰り返しのなかで、彼らは自分のそれまでの生活と今の生活の違いを感じとっていく。「お風呂があったかい！」「毎月お小遣いがもらえるのが嬉しい！」と喜びを伝えてくれる子どももいれば、「歯磨きってちゃんとやらなきゃいけないの？」「カップラーメンの方が全然美味しかった」と戸惑いをにじませる子どももいる。世間的には「虐待」とされていた場合であっても、子どもたちのなかには、自分の体験が平均的な養育からどれほど隔たっていたのかを知らない者も多い。彼らにとっては、家庭での生活があたりまえのもので唯一無二のものだったのだ。新しい場所での暮らしとは、そのなかに新たに加わる子どもにとってみれば、これまで馴染んだ規範や行動様式とは異質な生活への順応を迫られる体験にほかならない。自分の常識とは異なる世界の存在を受けとめていくには、時間を要する。「自分のお家はここ（施設）ではない、あくまで仮の住まいなのだ」という意識をいつまでも持ち続ける者もいる。

　子どもたちにとって施設という存在はそれまで聞いたことも見たこともないか、イメージの悪い場所である。「今度やったら施設に入れるからな！」「このことを秘密にしとかないと家族がバラバラになっちゃうよ」と、脅されてきた子どももいる。さらに、現状の社会的養護で暮らす子どもたちに与えられた環境は、残念ながらまだまだ貧しく、課題が山積している。生活のなかで、「こんなところに来たくなかった」「早くお家に帰りたい」などと子どもたちが話すこともある。その背景には、単に「家族と暮らしたい」「自分の意に沿わない決定だった」といった思いだけではなく、社会的養護が置かれた環境の不備（家庭とは異なる形態、養育者の少なさや交代、施設内暴力、経済的な制約、低い進学率など）が理由であることも少なくない。大切なのは、大人が提供した環境を当の子どもたちがどのように受けとっているかであり、「問題のある家庭」から分離しさえすれば、すべてが解決するわけではない。私たちは望ましい社会的養育のあり方をこれからも考え続けなければならないのだろう。

　現在の社会のなかで、大多数の子どもたちは家族と一緒に暮らしているという事実も、彼らには逆風になる。社会的養育のもとで暮らす子どもたちは、全児童人口の1%にも満たない、圧倒的なマイノリティの側に位置する存在である。

そのため、自分が施設にいることを周囲にひた隠しにする子どももいれば、親しい友人や恋人に施設で暮らしていることを話せずに「話したら嫌われてしまうかもしれない…でも話さないのも嘘をついているみたいだ…」と思い悩む子どももいる。皆と違って家族と離れて暮らしている自分…、家族に愛されなかった自分…と捉えるのは辛い。それではその理由をどこに求めればよいのだろうか。自分が生きてきた軌跡を肯定的な物語として語るのは、子どもたちにとって容易なことではない。そのため、私たちはときに、子ども自身が事実を受けとめていけるように、彼らの物語を共有し紡ぎ直す手助けが求められる。

## 思春期を迎える子どもたち

　前思春期・思春期の子どもたちにとっては、自分の家族の存在をどのようにこころに収め、自分を社会の中に位置づけていくかがライフストーリーの形成において重要な課題になる。ほとんどの子どもたちは、どうして自分が施設で暮らすことになったのか、親と暮らせないのかという疑問を懸命に考え、自分なりの解答を見つけようとする。そして、成長とともに、自分が受けてきた「虐待」という行為や施設入所に至る理由を振り返り、語り直す。入所後何年もしてから、「そんなことがあったのか」と驚くような話を聞くことも、「まだ小さかったのに本当によく頑張ったね」と称えたくなるような話を聞くこともある。彼らは、行きつ戻りつしながら自分の身に起こった事実を受けとめていく。これまでこころの拠り所となってきた家族への期待や家庭の価値観を見つめ直すのは容易ではない。その過程で、どうして自分は虐待を受けなくてはならなかったか、自分の親はどうしてこんなことをしたのか、そもそもどうして自分は生まれたのかといったことを知りたいと希望することがある。答えが出る疑問もあれば、答えのない疑問もある。過去の出来事を思い出してPTSD症状が再発する者もいれば、将来の展望が描けずに無気力な状態に陥る者もいる。施設に入所したのは「自分のせいではないのかもしれない」との考えは家族や周囲への憎しみや恨みへと転化し、「俺にはもう親はいない」「あいつらに期待することは何もない」と揺れ動き衝動的な行為に及ぶ子どももいる。

　それでも、親世代に起こった出来事や家族の成育史を紐解くなかで、「許すつもりはないけど…」「本当に嫌だったし今でも腹が立つけど…」などと前置

きをしながらも、子どもたちが自分の親に起こっていた事情をも受けとめていくこともある。彼らは家庭で過ごした生活のなかで何かしら良いものも受けとっており、家族に対して抱いているのは決して怒りや憎しみだけではない。ある高校生は「誰も悪くない、たまたま運が悪くて私はここに来ただけ…」と語ったが、どこかで彼らは親を許し認めたいと願っている。自分を傷つけた相手を許すのは、誰にでもできることではない。けれど、自分の親の行為が良かったとか悪かったとか、赦すとか赦さないにこだわるのではなく、もっと大きな次元に開かれ、施設での生活を通して自分が生まれてきてよかったと思えることもあるのだ。

　子どもたちが親の存在を胸に収めていくためには、支援者もまたニュートラルな姿勢で彼らの話しを聴くことが大切になる。あまりに家庭を美化する子どもたちには、そうではない部分もあったことを話しあっていく必要があるし、反対に家庭や家族を強く否定する子どもにとっては、それとは異なる部分もあったことを思い出すことが変化の契機になることがある。子どもにもその親に対しても否定的な気持ちを抱くこと自体は起こりうることだが、でもそれだけでは前には進めないことをこころに留めておく必要がある。


## おわりに

　施設において、「子どもたちが」厳しい事実を引き受けて、ライフストーリーを形成していくためには、結局のところ、そのために「支援者が」子どもと共に何を積みあげてきたのかが問題とされている。問われているものは養育という営みの本質であり、子どもたちが厳しい現実に直面せざるをえなくなったとき、それまでに重ねてきた良き出会いや楽しい思い出が彼らの背中をそっと後押しするものでありたい。そして、家庭を離れて暮らす子どもたちに社会が関心を寄せるとともに、子どもたちもまた「ここで暮らすのも悪くないな」と思えるような環境を保証できるようでありたい。

〔文献〕
　楢原真也（2015）子ども虐待と治療的養育—児童養護施設におけるライフストーリーワークの展開，金剛出版

# 当事者ユース・当事者参画

NPO法人 Giving Tree
**畑山麗衣**
福山市立大学教育学部
**野口啓示**

## 1. はじめに

その人のことを深く理解したいと思うなら、その人から直接話しを聞かなければ、本当のことはわからない。その人のことを理解している人から話しを聞くことから、その人を理解することは、もちろん可能である。しかし、その理解が真の理解であるのかというと、そうでないかもしれない。それは、その人の理解者からの話しは、その人からのものではなく、あくまで、他人がその人のことをどのように理解しているかというものだからである。当事者の意見を聞く、そして、当事者の生活をよりよいものにすべく、当事者に参画してもらう。これは、社会福祉の原理原則である。

社会福祉実践における当事者参画の重要性をめぐる議論は決して新しいものではない。しかし、子どもの権利を保障する児童福祉、特に社会的養護実践の中で、子どもによる当事者参画は十分になされてきたのであろうか。筆者（野口）自身の20年近くに渡る児童養護施設での実践（児童指導員・家庭支援専門相談員・施設長）で、私自身が子どもたちの当事者参画を意識した実践をどれだけできてきたのであろうか。今回、編者の一人である橋本達昌氏から、「当事者ユース・当事者参画」というテーマで原稿依頼を受けた。私に依頼があったのは、私が日本こども虐待防止学会の当事者ユースワーキンググループの委員長をしているからであった。この依頼を受けたとき、当事者ユースの状況そして当事者ユースの当事者参画についての原稿をまとめるなら、私が語るより、当事者ユースからの実際の声を届けるべきだと思った。そこで、ワーキング

ループで一緒に活動している当事者ユースの畑山麗衣と共同で本稿を作成することにした。

　ここでは、まず、当事者ユースの一人である畑山から当事者ユースとしての経験や思いを語っていただく、そしてこの語りをもとに、限られた字数ではあるが、当事者参画の意義を深めていきたい。

## 2.　社会的養護経験当事者ユースとしての経験そして思い

　筆者（畑山）は乳児院、児童養護施設、ファミリーホーム、週末里親と、乳児期から18歳に至るまで社会的養護のケアを受けてきた。現在はNPO法人で、社会的養護のもとで育つ子どもや社会的養護から離れた当事者ユースへのサポート、そしてユースのアドボカシー活動をしている。

　私は乳児期から社会的養護のケアを受けてきた。そのため社会的養護での生活や施設での生活は私にとって当たり前の生活であり、自分が施設で暮らしていることに対して、それが特別なことと感じることはほとんどなかった。では、このように施設での生活を特別なことと感じなかったのは、生活が満たされていたからだろうか。もしかすると、自分自身の中で、自分が受けているケアの質について意見を主張する権利を持っていることを知らずに育ち、意見を言ってもよいという認識を持つことができなかったからかもしれない。また、子ども心に「どうせ話をしても、聞いてくれない。理解してくれない」という思いがあったのかもしれない。自分自身の気持ちになんだか蓋をしていたように思う。

　例えば、大好きな職員が退職するときや、住み慣れた部屋を変わるといった生活環境が大きく変わる局面において、これから先の生活への不安を感じることもあった。しかし、自分が不安を感じていることを職員に伝えることはしなかった。職員の退職や部屋変えは当たり前のことであり、何か言ったところで何かが変わるとは思っていなかったし、他の子どもたちがそれを受け入れているのに、自分だけ何かを主張するのはわがままだとの考えもあった。このように、密かに施設の生活の中で、いろいろなことを納得できずに、さまざまな葛藤を抱えていたことを覚えている。

　18歳の私は大学に進学し、そして、自立の道を選んだ。措置解除・自立を

前に、「やっと自由に生きていける。自分で生きていく」と高揚感を持ったことを覚えている。そして、一人暮らしをはじめた。

　社会的養護で生きていく中のさまざまな場面で、専門家が子どもの処遇を決定していく。そして、子どもの人生を決定づける重要な局面であるのにも関わらず子どもたちの意見は反映されにくいのが現状である。子どもたちへの処遇は、支援者や養育者といった専門家による「子どもたちのために」と十分に考慮された結果ではあろう。でも、もしかしたら、子どもたちの声を聴けていない。また、子どもたちの意見が反映されていないということもあるかもしれない。

　近年では自立支援計画等へ子どもの意見を反映させるといった動きも出てきているようである。自立支援計画等への参画等、子どもたちの人生、ケアに関する重要な決定において、子どもたち自身の当事者参画はとても重要である。なぜなら、「どうせ言ってもどうにもならない、どうせ仕方がない」といった経験の積み重ねをしてきた子どもたちにとって、自分の意見が尊重され、意思決定の場に参画できる経験そのものがエンパワメントに繋がるからである。


## 3.　当事者参画の段階

　まず、当事者参画において社会的養護をより良くしていくために重要な考え方がある。それは「ユースボイス」、つまり「当事者の声」を一番に尊重することである。私が所属する社会的養護の当事者団体 IFCA[*1] では、ユースは「社会的養護の専門家」であるという考えを持っている。実際に社会的養護のもとで生活してきたユースは、誰よりも様々な経験をし、感じ、彼らしか語ることができない経験、また経験から得られた意見そして意思を持っている。当事者の声について、長瀬（2020）は当事者が子どもだった頃には言えなかった言葉、語れなかった思いが含まれるとしている。ユースを社会的養護の専門家と捉え、そして彼らの語りを反映させるべく、支援や政策の策定過程に当事者を参画させるとき、そのサービスはサービス受給者である子ども・ユースにとって、より意味のあるものになる。

　当事者参画とはいったい何なのかを考えていきたい。米国ではすでに、当事者参画という考え方はあたり前となり、州の政策や実践に対して助言を行う当

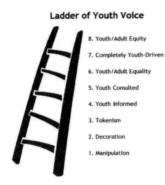

## ユース参画のはしご　(Roger Hart)

**Ladder of Youth Voice**

8. Youth/Adult Equity
7. Completely Youth-Driven
6. Youth/Adult Equality
5. Youth Consulted
4. Youth Informed
3. Tokenism
2. Decoration
1. Manipulation

8）ユースと大人が平等な立場をとる。

7）ユースが主導権を握る活動を、大人が権限を持たず、受け身の立場で、サポートしている状態。

6）ユースは大人とまったく同等の立場で、物事に対処する。これはフィフティ・フィフティの権限の状態。

5）大人がユースに意見をきく

4）ユースが大人から情報を得る

3）大人がユースの存在をトークン化する

2）大人がユースたちの存在を装飾品のように扱う

1）大人がユースを操る

Adapted by Adam Fletcher (2011) from work by Roger Hart, et al. (1994)　**[翻訳 © IFCA編集部]**

図1　ロジャー・ハートの「ユース参画のはしご」

事者団体が存在する。社会的養護を受けた経験から、全米レベルでのアドボカシー活動を行う Foster Club のエリック・ワーナーは「若者が目的や制度を説明されず、決定権も持たないままで、意見だけを求められるような場合は、『見せかけの』の参加であり、真のユース参画ではない」と言う。さらに、真の参画の特徴としては「ユースが尊敬され、価値があり、信頼されている」かつ「専門家であり、パートナーである」状態だとしている。当事者参画で重要なことは、当事者を話し合いの計画段階から参加させ、意見表明をする権利や決定権を持たせることが重要である。

　ここでは、ロジャー・ハートの「ユース参画のはしご」を基に、当事者参画について考えみる。「ユース参画のはしご」とは、ユースの参画や大人の関わり方の度合いにより、参画の段階を８つに分けて示したものである。一番上の段階が「ユースと大人が平等な立場をとる」段階となっており、「子どもが主体的に取りかかり、大人と一緒に決定する」という「真の参画」の段階となる。上の段階に進むほど、この「真の参画」に近づくものとなっており、下方に向

かうほど、「真の参画」から遠のいて行く。第1段階から第3段階は、参画は
しているものの、ユースのためというより、大人の都合のために参画している
ものとなっており、この段階のことを、「操り参画」「お飾り参画」「形だけの
参画」と呼び、注意が必要だとしている。

　「ユース参画のはしご」の特徴的な点としてあげられるのは、ユースの参画
が大人の恣意的な思いにより利用される可能性に注意を呼び掛けつつも、当事
者参画がその当事者であるユースだけで達成されるものではないことを示して
いる点である。IFCA では、「ユース・アダルト・パートナーシップ（ユース
と大人との協働）」という考え方の重要性を強調し、「ユースと大人の考えやア
イデアが同等の価値を持って活動において検討・反映され、両者が平等に決定
権を持つ環境」を整えることが必要だとしている。

## 4.　日本の社会的養護における当事者参画の現状

　「ユース参画のはしご」から見ると、日本の社会的養護における当事者参画
の段階はどのレベルに達しているのだろうか。

　施設や里親に措置中の子どもの当事者参画はどうであろう。自立支援計画策
定にあたって、子どもに意見を聞き、子どもを中心として支援計画はつくられ
ているだろうか。また、措置解除後に社会的養護の経験者としてのユースとし
ての参画はどうであろうか。最近では、徐々にではあるが、CVV（Children's
Views and Voices）や IFCA 等、当事者ユースを支える当事者グループが全
国に生まれ、全国に活動が広がってきている。2017 年には厚生労働省の社会
保障審議会児童部会社会的養育専門委員会の委員に 1 名のユースが選ばれ、日
本の当事者参画において大きな一歩となった。また、厚生労働省の意見交換会
等にも社会的養護経験者が招待されるようになった。しかし、「ユース参画の
はしご」から、現在の段階を位置付けると、課題は多く、まだまだ「真の参画」
に到達できているとは言えない。

## 5.　これからの課題

　社会的養護に長く関わってきたものとして、少なくない数の社会的養護の出

身者が社会的に不利な状況に立たされているのを感じてきた。しかし、何ができてきたのであろうか。また、当事者であるユースの声を聞こうとしてきたのであろうか。

　「私たちのことを、私たち抜きで決めないで（Not about us, without us）」

　これは、障害者の自立生活運動から生まれたフレーズである。ニーズや課題を持つ当事者である障害者自身が主体であり、自分たちの意見を政策に反映させるべきだという理念を示している。日本の社会的養護における当事者参画については、はじまったばかりであり、課題も多い、しかし、やるべきことの方向性は明確になってきたのではなかろうか。

　子どもたちの重要な処遇を決定させるプロセスに参画させること、また、ユースにおいては、社会的養護に関する政策の策定を含めた、さまざまな場面において、「社会的養護の専門家」として当事者参画してもらうこと、つまりは、ユースと大人が真に協働するユース・アダルト・パートナーシップを実現することが求められていると言える。ユースの多くが社会的に排除されてきた、つまりは社会的に不利な状況に立たされてきたことを考えると、パートナーシップこそが大切である。自立を強いるのではなく、いっしょによりよい社会をつくることを目指さなければならない。

　ソーシャルワークを学ぶとき、その初期の段階で必ず紹介されるのが、バイスティックの7つの原則である。バイスティックの7つの原則とは、ソーシャルワーカーに求められる基本的な7つの姿勢を整理したものである。そして、その中の一つの原則として「自己決定の原則」があげられている。援助者が全てを決めていくのではないのである。あくまでも当事者が主体者であり、その主体者の決定を支えるのが援助者の役割である。私たちはこのソーシャルワークの原則に立ち戻らなければならない。

　本稿では、社会的養護における当事者参画を主題としたため、児童家庭支援センターで出会うさまざまな当事者の方々を取り上げることができなかった。地域で困りごとを持つ人々は、それぞれさまざまな事情で困りごとを持っている。そして、多くの人は支援を必要としている。そして、支援のプロセスにおいては、さまざまな意思決定が必要となる。それら重要な意思決定が必要な場面において、当事者を参加させること、これはユースに限ったことではない。

**注**

※1　IFCA（International Foster Care Alliance）は日米のユースが国を超えた、多様な考えの交流、協働、つながりづくりを通じて、子ども家庭福祉のシステムを前進させることを目的に設立された NPO 法人である。

〔引用参考文献〕

International Foster Care Alliance（2017）『Youth Publication Vol.5 特集 社会的養護における当事者参画』.

　永野咲・相澤仁（2020）「JaSPCAN は当事者ユースとどのように協働すべきか」『子どもの虐待とネグレクト』22（2），168-178.

　長瀬正子（2020）「ここから先へすすむために─社会的養護の当事者の「声」と視点を活かす」『月刊福祉』3 月号，42-45.

# 子ども家庭総合支援拠点と要対協

淑徳大学短期大学部
**佐藤まゆみ**

## 1. 市町村の子ども家庭相談体制と地域包括的・継続的支援[1]

　市町村は、児童及び妊産婦の福祉に関し必要な実情の把握や情報提供、家庭その他からの相談に応じ、必要な調査及び指導を行い、必要に応じて児童相談所に援助依頼を行うことができる。通告を受けた児童に対し、必要に応じて児童相談所に送致し、市及び福祉事務所を設置する町村は社会福祉主事等に指導させる等の措置を取らなければならない。また、児童相談所から送致された子どもの支援や施設入所の措置解除となった子どもとその家庭に必要な支援を行う。児童相談所による児童虐待相談対応件数の大部分は、施設入所に至らず在宅支援となっており、市町村ガイドラインにも市区町村を中心とした在宅支援の強化を図ることが盛り込まれている。子どもにとってよい環境を整える方策として在宅支援を提供する必要がある（佐藤2020）が、それには包括的な支援が必要とされる。

　2018年に児童虐待防止対策体制総合強化プランが策定され、市区町村子ども家庭総合支援拠点（以下支援拠点）の全国展開や要保護児童対策地域協議会（以下要対協）の調整機関の常勤の調整担当者を2022年度までに全市町村に配置することとなった。2019年に児童福祉法が改正され、要対協からの情報提供等の求めへの応答の努力義務や転居に際し切れ目のない支援が継続されるようにする等、市町村による包括的で継続的な支援の提供が課題である。子ども家庭福祉分野の地域包括的・継続的支援の構築に向け、要対協を含め、支援拠点がどのように機能するかが試金石となる。

## 2. 地域における協議会型援助

要対協は、「要保護児童若しくは要支援児童及びその保護者（延長者等の親権を行う者、未成年後見人その他の者で、延長者等を現に監護する者を含む。）又は特定妊婦（以下「支援対象児童等」）に関する情報その他要保護児童の適切な保護又は要支援児童若しくは特定妊婦への適切な支援を図るために必要な情報の交換を行うとともに、支援対象児童等に対する支援の内容に関する協議を行う」ための制度的ネットワークである。要対協の構成は、子ども家庭福祉、教育、医療、警察、司法等分野は多岐にわたり、メンバーには守秘義務が課せられる。

要対協は、「要保護児童対策地域協議会設置・運営指針」に基づき三層構造の会議を活用するが、指針をふまえ会議の機能を捉え直したい。個別ケース検討会議では、受理された相談についてアセスメントから終結に至るまで、個別具体的な支援内容や方針を検討し実践する。一貫した支援のためケアマネジメントの観点が必要となる。実務者会議では、調整機関による進行管理台帳に基づく支援の進行管理が課題となるが、個別ケース検討会議における具体的な援助活動のケアマネジメントが適切に行われているかどうか確認し、必要に応じたスーパービジョンや助言を行うことも期待される。代表者会議では、関係機関への説明や情報共有を通じて、連携と協働の土台や下地を作る機能が重要である。制度に生じやすい切れ目をつなぎ、実務者会議と個別ケース検討会議が効果的に機能することや、支援機関の具体的な援助活動をバックアップする意味でも必要である。

全ての虐待ケース等の進行管理台帳の作成と進行管理、関係機関の連絡調整のため、要保護児童対策調整機関を1つ指定することとなっており、児童福祉司やそれに準ずる資格をもつ者を配置しなければならず、調整担当者は厚生労働大臣が定める基準に適合する研修を受けなければならない。

調整機関の業務は、要対協に関する事務の総括、支援の実施状況の進行管理、関係機関との連絡調整がある。個別ケースの進行管理に限定するとケアマネジメントのスキルが要求されるが、支援方針の見直しにはリスクへの対応経験やノウハウをはじめ、高い専門性が必要と考えられる。

調整機関は、約8割が子ども家庭福祉主管課や母子保健課または2つの統合

課である[2)]。調整機関担当職員における一定の専門資格を有する者のうち、ソーシャルワークを専門とする社会福祉士、精神保健福祉士は全体の1割強と少ない。調整機関担当職員の6割強は兼任であり、業務経験年数は常勤職員で3年未満が約7割を占める。支援拠点が調整機関である自治体は2.4%であった。この状況では、調整機関に対してもスーパービジョンやマネジメントが必要であり、後述する支援拠点の機能が鍵になる。

## 3. 市区町村子ども家庭総合支援拠点とは

支援拠点はコミュニティを基盤にしたソーシャルワークの機能を担い、里親や養子縁組を含む全ての子どもとその家庭及び妊産婦等を対象として、その福祉に関し必要な支援に係る業務全般を行う。子どもの自立を保障する観点から、妊娠期から子どもの社会的自立に至るまでの包括的・継続的な支援に努めることとされる。支援拠点の実施主体は市町村（一部事務組合を含む）である。小規模であったり児童人口が少ない市町村は、複数の自治体での共同設置も可能とされ、市町村が適切かつ確実に業務を行うことができると認めた社会福祉法人等にその一部を委託することもできる。

「市区町村子ども家庭総合支援拠点」設置運営要綱において、「支援拠点は、地域協議会に参加する多くの関係機関の役割や責務を明確にし、（中略）法第25条の2第5項に基づく、支援対象児童等に対する支援の実施状況を的確に把握し、児童相談所、養育支援訪問事業を行う者その他の関係機関等との連絡調整を行う「要保護児童対策調整機関」を担う」とされる。

支援拠点は、子育て世代包括支援センター（利用者支援事業（母子保健型））の機能も担い一体的に支援を実施することが求められ、それぞれ別の機関が機能を担う場合の体制整備の必要性が示されているほか、利用者支援事業（基本型）との関係、家庭児童相談室との関係が示されている。包括的な支援のために、保健、教育、福祉、青少年、総務といった庁内の関係部局との関係を情報の共有を含む緊密な連携が不可欠であり、これらを相互に結び付けるネットワークの中核機関となることが求められている。

## 4. 市区町村子ども家庭総合支援拠点の整備に向けて

　以下、2017年に全市町村に対し実施した質問紙調査[3)]の結果を基に述べる。回答した市町村の体制は、子ども家庭相談の専従職員数0人が全体の約5割、全体の約1割は常勤職員が0人、全体の3%が子ども家庭相談従事者0人であり、子ども家庭相談に対応する基盤の脆弱さがみられた。行政機関は人事異動があり、先述の要対協や調整機関の状況も併せれば、支援拠点の体制整備と共に市町村の体制基盤の担保が不可欠である。

　市町村において「地域包括的・継続的支援の拠点となりうる機関・施設」は「ない」が77%、「ある」は21%であった。支援拠点の具体的な担い手を考えるためには、拠点に必要な機能や専門職から検討する必要がある。

### （1）拠点におけるケアマネジメント機能とソーシャルワーク機能

　「地域包括的・継続的支援の拠点に一番重要な機能」を尋ねたところ、「子ども家庭福祉の包括的・継続的ケアマネジメント（スーパービジョンを含む）支援の機能」が約35%を占めた。この機能は、個別のケアワークやそのマネジメントではなく、ソーシャルワークとしての機能を指す。次に市町村が重要な機能と回答したのは、「サービスを必要とする保護者や子どもに対するケアマネジメント機能」であった。以下に詳しくみていきたい。

#### ①ソーシャルワーク機能

　ソーシャルワークは、「社会福祉の実践体系であり、社会福祉制度において展開される専門的活動の総体」と説明される（岩間2013：251）。人と環境の接点に介入する基本視点に基づき、インテーク（受理）、情報収集、アセスメント（事前評価）、プランニング（計画立案）、インターベンション（介入：具体的な支援の実施）、モニタリング（経過観察）、再アセスメントやエバリュエーション（事後評価）、終結というプロセスをたどる。

　筆者らの研究では、「子ども家庭福祉の包括的・継続的ケアマネジメント」をソーシャルワーク機能と捉えて用いた。ここでのソーシャルワーク機能とは、「エンパワメントや代弁・権利擁護といった専門性を土台とした直接的な相談援助を実践し、特に人々と資源、サービス、制度等を結びつけるための専門機関や専門職等の社会資源の媒介や調整、関係づくりのためのネットワーキング、

ケースの進行・運営等管理に必要なスーパービジョン等の機能を発揮することで全体を包括的に支援する機能」を意味する。

②ケアマネジメント機能

　ケアマネジメントは、「利用者の必要とするケアを調整する機能を果たす援助」をいい、白澤政和による「対象者の社会生活上での複数のニーズを充足させるため適切な社会資源と結びつける手続きの総体」という定義が代表的とされる。ケアマネジメント[4]はソーシャルワークの一部であるが、必ずしもソーシャルワーカーに限らず、対人援助職によって担われている。

　筆者らの研究では、ケアマネジメント機能とは「一人ひとりに対する個別の相談援助とニーズを満たすために活用できるサービスの調整とコーディネート、その進行管理を中心とする機能」を意味して用いてきた。

　現状では、保育所、保健センター、学校、地域子育て支援拠点など、子どもに関わる社会資源はそれぞれ支援を展開している。子ども家庭福祉では、個別の自立支援計画を除けば、ケアプランの策定は障害児福祉や子育て支援サービスの一部での取り組みであるが、ケアマネジメントにおいて必要である。また、子どもの年齢や発達に応じた形で支援について伝え、本人の意向を反映させる手段としても重要となるだろう。

### （2）人口規模と個別ケース検討会議の頻度を考慮する必要性

　支援拠点の設置要綱には、人口規模ごとに小規模A～C型、中規模型、大規模型の5類型がある。しかし、市町村の人口規模によって拠点に一番重要とされる機能や特に必要な人材が有意に異なる（柏女ら2020）。さらに、人材は個別ケース会議の開催頻度の多寡によっても異なる。調査の分析結果は柏女ら(2020)の文献に詳しいが、抜粋して表のように整理した。

　拠点に重要な機能は、一般市町村の約7割を占める5.6万人未満の自治体は、ケアマネジメント機能が有意である。4で述べた市町村の子ども家庭相談に対応する基盤の脆弱さへの強力な体制整備が不可欠である。表1のとおり、特に5.6万人未満の小規模A型に相当する市町村の拠点では、支援に関わる基本的な人材の確保とともに、対人援助においてケアを調整する機能であるケア（ケース）マネジメント機能が求められていることからも、その必要性の高さがうかがえる。5.6万～11.3万人未満の自治体はソーシャルワーク機能、制度横断

**表 1　支援拠点に求められる機能と人材**

| 拠点の類型 | 人口規模 | 拠点となれる機関の有無 | 拠点に重要な機能 | 拠点に特に必要な人材 |
|---|---|---|---|---|
| 小規模 A 型 | 5.6 万人未満 | ない*** | ケアマネジメント機能** | 児童指導員等の任用資格者**、小児科や児童精神科を含む医師*、個別ケース検討会議の開催頻度月 2 回以上（年間 29 回以上）は社会福祉士*** |
| 小規模 B 型 | 5.6〜11.3 万人未満 | ある*** | ケアマネジメント機能、制度横断的活用のための調整の機能 | 個別ケース検討会議の開催頻度月 2 回以上（年間 29 回以上）は社会福祉士*** |
| 小規模 C 型 | 11.3 万〜17 万人未満 | ない | ケアマネジメント機能ではなく*、別の機能 | 個別ケース検討会議の開催頻度月 2 回以上（年間 29 回以上）は社会福祉士*** |
| 中規模以上 | 17 万人以上 | ある*** | ソーシャルワーク機能** | 社会福祉士**、個別ケース検討会議の開催頻度月 2 回以上（年間 29 回以上）は社会福祉士*** |

***0.1%水準で有意　**1%水準で有意　*5%水準で有意　無印は有意差なし
佐藤まゆみ「第 3 章地域包括的・継続的支援のために第 1 節，第 3 節」柏女霊峰編（2020）『子ども家庭福祉における地域包括的・継続的支援の可能性』福村出版 pp.94-123，138-156 の分析結果をもとに筆者作成

的活用のための調整の機能が多く回答されたが有意な差はない。11.3 万〜17 万人未満の自治体は、ケアマネジメント機能は有意に選択されないが、他に有意に重要な機能は見られず、どの機能が重要であるか明確ではない。17 万人以上の自治体ではソーシャルワーク機能が有意であった。特に小規模（17 万人未満）と中規模以上（17 万人以上）の支援拠点には重要な機能に差がある。

　個別ケース検討会議の頻度が月 2 回以上（年 29 回以上）の自治体は、拠点に特に必要な人材として社会福祉士を挙げ、拠点に重要な機能はソーシャルワーク機能が有意である。つまり、小規模自治体でも個別ケース会議の開催頻度が月 2 回以上（年 29 回以上）の自治体は、拠点にソーシャルワーク機能が必要と考えられる。

　11.3 万〜17 万人未満の自治体は「どの人口規模よりも特徴がはっきりしていないことが特徴」であるが、個別ケース検討会議の開催頻度が月 2 回以上（年

29 回以上）の自治体は社会福祉士を特に必要とすることから、この人口規模
ではこれが拠点に必要な人材の一つの参考になると考えられる。支援拠点の類
型でいうと小規模 C 型にあたる 11.3 万人〜17 万人未満の人口規模の自治体に
おいて、もし必要な機能が明確に関係者間で認識されていない状況ならば、人
口規模が 5.6 万人もしくは 17 万人のどちらにより近いか、個別ケース検討会
議の頻度が月 2 回以上（年 29 回以上）であるか否かをヒントに、自治体の拠
点としてより必要な機能や人材を検討してみることも有効と考えられる。

　拠点に必要な人材は、表の通り 5.6 万人未満の自治体と 17 万人以上の自治
体に人口規模と個別ケース検討会議の開催頻度による差がある。児童指導員等
の任用資格者は、支援拠点のみならず相談や個別具体的な援助を担う基本的な
人材として確保することが体制づくりの基盤となるうえ、ケアマネジメント機
能を果たすために不可欠である。また、医師が特に必要な人材と回答されてお
り、相談援助体制に必要とされる人材の確保はもとより、支援拠点がその専門
職が存在する児童福祉施設等地域の社会資源を把握し、必要に応じて関係機関
とつなぎ、連携・協働することも必要といえる。


## 5. 地域包括的・継続的支援のための三層構造

　市町村の地域包括的・継続的支援に向け、①具体的な支援方針・サービス提
供を含めた個別のケアマネジメント、②要対協や各領域のネットワークを活用
し、市町村内の複数の区域での進行管理を含めたケアマネジメント担当拠点、
③市町村全体の社会資源を把握・コーディネートできる地域包括的・継続的支
援のソーシャルワーク担当拠点の構築が課題である。

　児童家庭支援センターは、専門職が在籍し、在宅支援のため宿泊を伴うショ
ートステイ等を提供できる。地域の社会資源を活用して、要保護児童等とその
保護者への支援をソーシャルワークにより包括的に展開、児童相談所の指導委
託を受けて在宅の継続指導等を担当すること等から、先述のケアマネジメント
機能やソーシャルワーク機能を有するだろう。そのノウハウや専門性が市町村
の子ども家庭相談や要対協、支援拠点に活用できるよう、協働を通じて役割を
伝え、専門性が開かれることが期待される。

## 注

1) 子ども家庭福祉における地域包括的・継続的支援は、「市町村域ないしは市内のいくつかの区域を基盤として、子どもの成長段階や問題によって制度間の切れ目の多い子ども家庭福祉問題に、多機関・多職種連携により包括的で継続的な支援を行い、問題の解決をめざすシステムづくりならびにそのもとで進められる援助の体系をいう」と定義して用いている。

2) 厚生労働省「市町村（虐待対応担当窓口等）の状況調査（平成30年度調査）」

3) 本調査は全国1741の市町村を対象とした質問紙調査であり、回収率は45.7％（788件）、有効回答数785であった。分析には政令市と児童相談所設置市の11票を除き、一般市町村774票から無効回答票4票を外して、770票を分析に用いている。なお、「日本の子どもの未来を考える研究会」が日本財団から受託した調査研究成果は研究報告書、学会報告、柏女霊峰編藤井康弘、北川聡子、佐藤まゆみ、永野咲（2020）『子ども家庭福祉における地域包括的・継続的支援の可能性』福村出版がある。

4) ケースマネジメントとケアマネジメントが意味している内容は同じであるが、イギリスの「NHS and Community Care Act」の中で「ケアマネジメント」が初めて使われたとされる。「ケース」の冷たい響きに比べ「ケア」はあたたかいニュアンスを持っていること、マネジメントするのは利用者や事例（ケース）ではなくケアであることがその根拠であることが説明されている（白澤編2019：4）。

〔文献〕

白澤政和編（2019）『ケアマネジメント論』ミネルヴァ書房 p.7

岩間伸之（2013）「ソーシャルワーク」山縣文治・柏女霊峰編『社会福祉用語辞典第9版』ミネルヴァ書房 p.251

柏女霊峰編藤井康弘、北川聡子、佐藤まゆみ、永野咲（2020）『子ども家庭福祉における地域包括的・継続的支援の可能性』福村出版

佐藤まゆみ（2020）「市町村中心の子ども家庭福祉における在宅支援の方策の検討―調和的支援に焦点を当てて―」『淑徳大学短期大学部研究紀要』第62号淑徳大学短期大学部pp.23-34

# 妊娠 SOS 相談と特別養子縁組

日本財団国内事業開発チーム
高橋恵里子

## 1. はじめに

　令和 2 年 11 月、神戸市に住む 23 歳の元女子大学生が 1 年前に東京港区の公園に赤ちゃんを遺棄した容疑で逮捕された。就職活動に差し障ると考え、誰にも相談できなかったという。また、同年 6 月には、愛知県西尾市の公園で新生児の遺体が見つかり、母親の 20 歳の専門学校生が死体遺棄の疑いで逮捕されている。この学生は NHK の取材に対し、中絶をしようと病院に相談したところパートナーの了解が必要と言われたが、パートナーと連絡が取れなくなり中絶できなかったと答えている。このようなケースには本来パートナーの了解は必要ないのだが、女性はその事実を知ることがなかった。

　いずれのケースも、適切な相談窓口と支援につながっていれば、赤ちゃんの命を救う事は可能であったはずであり、女性が罪に問われることもなかっただろう。「妊娠期からの切れ目ない支援」が重要と言われるゆえんである。そして特別養子縁組は、このように予期せぬ妊娠をして育てられない女性と産まれてくる赤ちゃんの命を救い、赤ちゃんが家庭で育つ環境を提供する一つの選択肢となる。

## 2. 妊娠 SOS 相談

　妊娠・出産が母子保健において重要なテーマであることはいうまでもないが、社会的養育の文脈で「予期しない妊娠」への相談・支援の重要性が認識され始

めたのは、虐待死の検証結果が要因だろう。平成15年の第1次報告から第16次報告までの16年間で、0歳児の心中以外の虐待死事例は395件で、全体の47.4％にあたる*1。このうち0日の死亡事例は156件で、全体の18％であった。また、第3次から第16次報告までの心中以外の虐待死亡事例758人のうち、「予期しない妊娠／計画していない妊娠」の問題は205人で27％を占めている。このように虐待死において0歳児が占める割合が高く、「予期しない妊娠」がその背景にある傾向は統計を取り始めてからずっと続いており、妊娠期の支援の重要性は関係者で認識されてきたものの、今日まで抜本的な改善にはいたっていない。

　妊娠・出産に関わる相談については、従来から保健センターや女性健康支援センターなども対応しているが、虐待死を防ぐためには、予期しない妊娠をした際に匿名でも相談できる、相談しやすい窓口の存在が鍵となる。「妊娠SOS」などのわかりやすい名前で専用の相談窓口を設置し、電話だけでなくメールやSNSなどにも対応することが重要であろう。妊娠SOSが効果的に機能するためには、相談に答えるだけで終わるのではなく、必要に応じて病院、市町村、社会福祉協議会、児童相談所などの地域支援につなぎ、同行支援や居場所の提供等のソーシャルワークまで行うことが望ましい。そのためには、医療保健の知識の他に、経済的な困窮への対応や、子どもを産んだ後の母子支援や社会的養育等の福祉的な知識も必要となるため、看護師、助産師、社会福祉士などの専門職による連携した取り組みが求められる。また、女性と産まれてくる子どもの二つの違う人格にかかわるソーシャルワークであることから、女性を支援する目線とともに、子どもの最善の利益を考える目線も重要となる。

　日本で一番多くの妊娠相談が寄せられているのは、「こうのとりのゆりかご（通称：赤ちゃんポスト）」を設置している熊本市の慈恵病院だろう。24時間無料で妊娠相談を受け付けており、相談件数は令和2年度の上半期だけで3844件にも達している。他にも民間では「にんしんSOS東京」を実施しているピッコラーレや、神戸のマナ助産院による「小さないのちのドア」などがある。養子縁組団体も、生んでも育てられない女性の相談にのり、特別養子縁組につなげる重要なアクターである。

　自治体でも、近年は厚生労働省の女性健康支援センター事業等を活用して、「妊娠SOS」「ほっとライン」「妊娠レスキューダイヤル」などの危機的妊娠の

専用窓口を設けるところが増えてきた。自治体直営窓口もあるが、看護協会、助産師会、病院などに委託しているケースも多い。平成30年度の厚生労働省調査研究事業の「予期せぬ妊娠に対する相談体制の現状と課題に関する調査研究」によると、都道府県・政令指定都市・中核市・特別区の144自治体のうち、予期せぬ妊娠の相談は回答126のうち99自治体（78.6％）が実施しており、予期せぬ妊娠専用の窓口を設置しているのは51自治体（51.5％）と約半数であった。今後はまず少なくとも都道府県に1つは専門の窓口を設置することを目標とし、それから市町村レベルでの拡充を目指すことが望ましい。ちなみに筆者の務める日本財団では、妊娠SOS相談窓口の全国の均てん化と質の向上を目指して、現在は15の団体を支援している。

　児童福祉の領域からみると、厚生労働省は平成30年度に妊娠期から出産後までの継続した支援を提供することを目的とした「産前産後の母子支援」モデル事業を開始し、平成31年度からは乳児院、母子生活支援施設、産科医療機関等を対象とする補助事業として全国展開を始めた。

　長野県のうえだみなみ乳児院は、平成30年度から同事業を開始しており、開設から2年弱で376件の相談を受け、そのうち同行支援が14件、特別養子縁組につなげた件数が2件となっている。県からの補助金では1名しか雇用できないため、法人負担でさらに1名を確保し、助産師と社会福祉士の2名体制としている。さらに乳児院職員にも夜間の電話対応に協力してもらい、事業を実施している。出産後自分で育てると決めたケースについては、市町村や児童家庭支援センターにつなぎ、特別養子縁組を希望する場合は、相談者のニーズに応じて民間団体もしくは児童相談所につなげているとのことであった。

　また、福岡市の母子支援施設である百道寮も、令和2年より福岡市の委託を受け「こももティエ」を開設している。母子支援生活施設の一部を改修して産前産後母子ホームを設置し、相談窓口・住まいの提供、子育て支援、自立支援など包括的なサービスの提供を目指している。「こももティエ」で直接受ける相談の他に、福岡市内の区からも困窮妊婦の受け入れについて相談が寄せられているとのことだった。妊婦支援においては、居場所の確保はこれまでの大きな課題であり、今後はこうした産前産後母子ホームの活用が期待される[2]。

　厚生労働省も妊産婦支援には力を入れてきており、令和2年度から女性健康支援センター事業の事業内容に「若年妊婦等に対するSNSやアウトリーチに

よる相談支援、緊急一時的な居場所の確保」を追加した。さらに「若年妊婦等支援事業」という、若年妊婦等への支援に積極的で機動力のある NPO が、行政の委託を受けてアウトリーチや若年妊婦等の支援を行う事業も新設されている。

　このように、妊娠 SOS 相談はこれまでの病院、助産師会、看護協会など医療保健分野の団体に加えて、施設の多機能化の流れで乳児院、母子支援施設など児童福祉分野からの参入が始まっており、今後は NPO の増加も予想される。その場合、課題となるのは相談窓口の質の担保である。研修の充実化や、評価制度の在り方などもあわせて検討していく必要があるだろう。


## 3. 特別養子縁組

　アメリカ、イギリスをはじめとする欧米諸国において、養子縁組は里親制度と並んで、血縁上の親と暮らすことのできない子どもに家庭を提供するための重要な制度として位置づけられてきた。平成 21 年に国連総会で採択された「子どもの代替的養育ガイドライン」では、国が取るべき望ましい政策および実践として、冒頭にこう書かれている。

　（a）児童が家族の養護を受け続けられるようにするための活動、又は児童を家族の養護のもとに戻すための活動を支援し、それに失敗した場合は、<u>養子縁組やイスラム法におけるカファーラなどの適当な永続的解決策を探ること。</u>（下線は筆者）
　（b）かかる永続的解決策を模索する過程で、又はかかる永続的解決策が実現不能であり若しくは児童の最善の利益に沿っていない場合、児童の完全かつ調和のとれた発育を促進するという条件の下、最も適切な形式の代替的養護を特定し提供するよう保障すること。


　つまり国際的に望ましい養育の順番としては、まず実親による養育、それが適当でない場合は養子縁組という永続的解決策（permanent solution）、いわゆるパーマネンシー保障となる。この場合、子どもは法律上も生活の実態でも親という存在を得て安定して育つことができる。それがかなわない場合が代替的養育、すなわち里親や施設での養育という順序となる。

しかし日本においては、養子縁組は社会的養育制度の中で重点を置かれてない状況が長く続いてきた。もちろん養子縁組里親の制度は以前からあるが、取り組み状況は地域格差が大きく、平成27年の厚生労働省「国内外における養子縁組の現状と子どものウェルビーイングを考慮したその実践手続きのあり方に関する研究」では、児童相談所の4割は特別養子縁組を実践していないと報告されている。

　平成28年の児童福祉法改正により、児童相談所は養子縁組里親の名簿作成と研修の実施が義務となり、はじめて養子縁組は日本の児童福祉に正式に位置づけられた。また、社会的養育ビジョンにおいて、パーマネンシー保障が目標とされ、特別養子縁組は5年後に1000件を目指すという数値目標が示された。

　平成28年には「民間あっせん機関による養子縁組のあっせんに係る児童の保護等に関する法律」いわゆる養子縁組あっせん法が成立し、現在は全国で22の養子縁組あっせん事業者が許可を受けて活動している。また、令和元年には特別養子縁組制度に関する民法が改正され、養子の年齢の上限が6歳から15歳へ引き上げられた。さらに児童相談所長が特別養子縁組にふさわしいと考えられる子どもを家庭裁判所に申したてる事ができるようになり、実親の同意がなくても子どもを養子縁組につなぐ可能性が開けた。

　こうした法改正の後押しで近年の特別養子縁組の件数は増加傾向にあり、平成24年の339件から令和元年は711件と2倍以上に増えている。しかし家族との交流がない、または交流状況が不詳の子どもは平成30年に乳児院では824人おり[*3]、特に遺棄児など家庭復帰の見込みがない乳幼児については、可能な限り早期に特別養子縁組に繋げることが望ましいだろう。

　日本財団では日本における養子縁組家庭の実態を調べるため、2017年に全国の養子縁組団体や全国里親会の協力を得て、子どもが15歳以上の養子縁組家庭の実態調査を行った。調査結果では、健康状態、生活状況、最終学歴といったアウトカムを示す指標については、いずれも養子縁組家庭は全国平均の水準を上回っていた[*4]。また、養子であることで嫌な思いをしたことがある子どもは26%いるものの、養子の幸福度の平均は7.6%で、一般家庭の子の幸福度の6.4より高い傾向にあった。さらに養親の95.6%が「子どもを育ててよかった」と回答しており、養子の90%は（養）父母に育てられて良かったと回答している。調査の限界はあるものの、総じて日本の養子縁組家庭では養子の生活状

況が安定していることが調査から見て取れる。

　今後の課題として、養子縁組成立後の養親や子ども自身への支援やフォローアップ、当事者グループ等の不足が挙げられる。里親家庭であれば、児童相談所やフォスタリング機関による支援や研修の機会があり、レスパイトサービスも使用できるが、養子縁組家庭はこうしたサービスから外れてしまう。イングランドでは養子縁組後3年間は養子縁組を仲介した自治体もしくは団体が養子縁組家庭を支援する責任を負い、3年後はその家庭の居住している自治体にその責任が引き継がれる。また国が養子縁組サポート基金（Adoption Support Fund）という資金を提供しており、子どもが21歳（在学中の場合は25歳）になるまで対象となる。日本でも、特別養子縁組成立後の家庭も社会的養育のアクターと位置付けたうえでの支援の強化が必要であり、乳児院や児童家庭支援センター等に支援業務を委託するようなスキームも有効ではないか。あわせて養子縁組に関わる情報の整備と保存、養子自身の悩みを相談できる場所やルーツ探しへの支援、カウンセリング等の拡充も不可欠である。


## 4.　おわりに

　「新しい社会的養育ビジョン」では、特定妊婦のケアの在り方として、地域における産前産後母子ホームの整備、在宅支援の強化、里親・特別養子縁組制度との連携の必要性を指摘している。こうした体制の整備はようやく始まりだしたようにみえるが、現在のような補助金制度では自治体による格差が生じてしまう。将来的には都道府県、政令指定都市、中核市の妊娠SOS相談窓口の設置を義務化し、経費は補助金ではなく義務経費化するなどの対応が必要だろう。また、相談後の対応として、初診、アフターピル、中絶、居場所などの経費が必要となるが、危機的妊娠についてはこうした経費を無料にしなければ0歳児の虐待死をなくすことは難しい。そして、何よりもまず予期しない妊娠を防ぐには公教育における性教育が欠かせない。日本もユネスコの国際セクシュアリティガイダンス等に基づいた包括的な性教育を早急に導入することが求められている。

　妊娠と出産はこの世に誕生するすべての子どもにとっての始まりであり、社会的養育において究極の早期介入、早期支援である。子どもの最善の利益を守

るためにも、予期せぬ妊娠を女性一人の責任ではなく社会全体の責任と考える
意識改革を進めたい。


＊1　厚生労働省「子ども虐待による死亡事例等の検証結果等について　第16次報告」令
和2年9月
＊2　筆者は令和2年12月にうえだみなみ乳児院へのインタビューを実施。また同年11月
に百道寮を訪問した。
＊3　厚生労働省「児童養護施設入所児童等調査の概要（平成30年2月1日現在）」
＊4　日本財団「子が15歳以上の養子縁組家庭の生活実態調査報告書」2017年

# アフターケアと自立支援

大阪府立大学地域保健学域
**伊藤嘉余子**

## 1. はじめに

　親からの虐待や育児放棄、親の行方不明等の理由で、家庭で生活の出来ない子ども達を、保護者に代わって社会が養育・保護する仕組みを「社会的養護」という。2019 年 3 月末現在、児童虐待の相談対応件数は年間 150,000 件を超え、約 45,000 人の子ども達が児童養護施設など社会的養護のもとで生活している。

　社会的養護を必要として施設や里親家庭にやってくる子どもたちの多くが、それまでの家族との生活の中で十分かつ適切な衣食住を経験してきていない。また基本的な生活習慣を獲得することができなかった子どもも少なくない。施設や里親家庭での養育では、子どもたちに「当たり前の生活」をしっかり保障していくことの積み重ねから、自立後に必要となる力を育むことが期待されている。しかし、社会的養護につながる以前での生活を通して受けた様々な傷やトラウマ等の大きさ・深さから、自立までに必要な力をすべて身に着けて社会に巣立っていける子どもばかりではない。また、社会的養護の経験者たちには、いざという時に頼れる「実家」がないし、家族、親族にそうした「実家機能」を期待することが難しいケースがほとんどである。ここに、アフターケアの重要性があるし、インケア、リービングケア、アフターケアという連続性の中での支援の重要性があるといえる。

## 2. 社会的養護経験者の支援ニーズから考える自立支援

### (1) 社会的養護経験者にとっての自立生活の厳しさ

　本来、子どもの育ちを支えるのは親・家族の役割であると国連の児童に関する権利条約や日本の児童福祉法において示されている。しかし、貧困や虐待など様々な理由によって、生みの親や家族を頼れない社会的養護の子どもたちの「育ちと巣立ち」については、親に代わって社会全体で支えていく必要がある。

　社会的養護下での生活を経験し、社会に巣立っていく若者への支援はここ数年で進展・拡充してきていると評価できるものの、まだ改善の余地は残されていると考えられる。日本における社会的養護経験者への自立支援の課題は、大学等進学率の低さや若者ホームレスに占める施設経験者の割合からも読み取ることができる。

　例えば、2012〜2016年における児童養護施設入所児童の大学・短大等への進学率は、11〜12％であった。近年、社会的養護の子どもを対象とした多様な奨学金や学費免除等の支援が増えた影響もあって、2018年の児童養護施設入所児童の大学等進学率は16％まで上昇した。しかし、全国平均の55％と比べるとまだまだ大きな差があると言わざるを得ない。

　また、「若者ホームレス白書」によると、若者ホームレスの約10％が社会的養護施設の出身者だと言われている。親を頼れない、実家機能をもたない社会的養護経験者たちが、ケアを離れた後、健全な自立生活を営み続けることが困難な状況がうかがえる。


### (2) 退所者アンケート結果から当事者の支援ニーズを考える

　社会的養護で育った子どもたちの多くが、自立後も実親などの家族からの支援や援助を物質的にも精神的にも期待できない中で生活せざるを得ない状況にある。ここでは、社会的養護経験者を対象とした実態調査結果から、社会的養護を巣立つ人への支援の課題について考えてみたい。

　まず、「施設退所後にまず困ったこと」（表1）については、「孤立感、孤独感」と「金銭管理」「生活費」に関する悩みや困り感が強いことが明らかになっている。施設等退所者の多くが、施設等から巣立った後も継続した人間関係やつながりを必要としていることがわかる。

**表1　社会的養護経験者：施設退所後にまず困ったこと**

| | 神戸市（2017）<br>N=77 | 大阪府（2017）<br>N=155 | 東京都（2017）<br>N=616 |
|---|---|---|---|
| 第1位 | 孤立感、孤独感<br>（35.1%） | 職場での人間関係<br>（32.3%） | 孤立感、孤独感<br>（34.6%） |
| 第2位 | 金銭管理<br>（31.2%） | 金銭管理<br>（27.7%） | 金銭管理<br>（32.0%） |
| 第3位 | 生活費<br>（26.0%） | 孤立感・孤独感<br>（25.8%） | 生活費<br>（31.0%） |

**表2　社会的養護経験者：現在困っていること**

| | 神戸市（2017）<br>N=77 | 大阪府（2017）<br>N=155 | 東京都（2017）<br>N=616 |
|---|---|---|---|
| 第1位 | 生活全般の不安や将来<br>（37.7%） | 生活全般の不安や将来<br>（43.2%） | 生活全般の不安や将来<br>（51.5%） |
| 第2位 | 経済的な問題<br>（36.4%） | 経済的な問題<br>（32.3%） | 現在の仕事<br>（37.4%） |
| 第3位 | 家族・親族のこと<br>（26.0%） | 現在の仕事<br>（29.7%） | 家族・親族のこと<br>（37.1%） |

　また、金銭管理に関する悩みの高さから、施設等を退所する前のリービングケアや、もっとそれ以前の生活の中での養育・しつけ等の中で、お金の使い方、預貯金の方法などをはじめとする金銭管理について具体的に伝えておく必要性があることもうかがえる。

　次に「現在困っていること」（表2）については、神戸市、大阪府、東京都ともに「生活全般への不安や将来のこと」で困っているという回答が最も多かった。あわせて、経済的な問題、仕事に関する問題、家族・親族の問題に悩む人が多いことが明らかになっている。これらのことから、施設や里親家庭を離れた後も日々の生活への不安や仕事の悩みなど日常的に相談できる人・機関が必要であることがわかる。また、仕事関係や経済的な悩みの多さから、就労継続や再就職等に関する相談支援や、経済的支援の必要性の高さがうかがえる。

## 3. これからの自立支援やアフターケア

ここまで述べてきたような、日本における社会的養護の子どもたちの現状を踏まえたうえで、今後の日本における社会的養護経験者の自立支援の課題として、以下の4点について述べたいと思う。

### (1) インケアから始める子どもたちの「就労支援」

退所者アンケート調査結果から、職場や仕事関係の悩みを抱える当事者も多いことが明らかになった。社会的養護の子どもたちは、自分の親が働いていなかった等の理由から、「働くおとな」のイメージがもちづらいと思われる。そのため、自分自身の就労イメージを形成することも難しいと言われている。また、就職後の離職率の高さもアンケート結果から指摘されているため、就職前からの職場体験や就職先と学校や施設など、子どもを支える大人同士の交流も非常に重要だと考えられる。

例えば、京都府や大阪府、兵庫県等では、中小企業家同友会(以下、同友会)と児童養護施設との交流が近年積極的に進められている。京都府を例に概要を説明する。同友会のメンバーが毎月1回、児童養護施設を訪問し、子どもたちとフリートークを小グループに分かれて行う。そこでは、同友会の人たちの仕事や職場の紹介のほか、子どもたちの「働くこと」への素朴な疑問や質問、不安などが語られる。子どもたちは小学生から高校生まで誰でも参加可能で、出入り自由で話題も自由である。同友会メンバーの職種は、町工場、喫茶店、写真館など実に多彩である。障がい者を雇用する事業主もいる。子どもとの会話の中で「今度うちにバイトに来るか」といった話になる子どももいる。こうして、入所中から交流のあったおとながいる職場に就職していくことによって、就労が継続しやすくなるとともに、施設もアフターケアをしやすくなるというメリットもある。

### (2) 社会的養護経験者の「生きづらさ」を軽減する地域社会を創る必要性

子どもの権利条約においても、日本の児童福祉法においても、子育ての第一義的責任は子の親にあるとされているが、親がその責任を担うことができない場合は、国、地方公共団体がその役割を担うこととされている。しかし、日本

では古くから、子育ては親の責任、自立後の若者の生活支援について、基本は家族・親族による自助や共助が前提とされる等、自己責任が強調される場面が少なくないといえるのではないか。

しかし、2017年の「新しい養育ビジョン」の中で「社会的養育」という理念が大きく掲げられることになった。これは英国で古くから謳われている「社会的共同親」「社会的共同養育」という理念に通じるものである。この理念をどう具体的な施策や実践につないでいけるかが非常に重要である。

例えば「社会的共同親（corporate parent）」が理念として定着している英国のスコットランドでは、全国すべての自治体において、教育、住宅、保健などあらゆる部署が「社会的共同親としての責任を果たすこと」が法的に義務付けられており、具体的な行動計画が策定されていた。例えば「住宅部門では、保証人をみつけることが困難な社会的養護当事者向けに保証人不要の賃貸住宅を一定数確保すること」や「教育部門では、学習習慣が身についていない社会的養護の子どもたち向けの特別なプログラムを用意すること」等、すべての部門で何らかの「社会的養護の当事者に特化した支援」が行われており、その内容は各機関等に任されている。

日本においても、こうした仕組みを確立することができたら、社会的養護を経験した子どもや若者の自立に向けた準備が充実するとともに、自立後の生活が安定したものになるのではないかと考える。


### （3）施設退所が「つながりの切れ目」とならない支援の継続とアフターケア

退所者アンケート調査では「退所後すぐに困ったこと」として「孤独感・孤立感」がトップを占めていた。ここから、退所後もずっとつながり続ける支援、「ひとりじゃない」と思えるようなつながりを持ち続けるアフターケアの必要性が示唆されている。

つまり、アフターケアとして、何かあった時だけ「危機介入的に施設退所者支援」を実践するのではなく、何も問題がなさそうに見える段階からずっとゆるやかにつながり続けることの重要性を関係者間で共有する必要がある。

しかし、施設を退所後も退所者と施設とがつながり続けているケースは必ずしも多くなく、退所後1年以上たつと、連絡がとれる退所者は激減する現状にあるといわれている。また当事者組織や団体も数が少なく、地域が限定されて

いるため、誰ともつながらずに孤立して生活している社会的養護経験者は少なくないと考えられる。

　今般のコロナ禍によって、日本の社会的養護経験者もより厳しい状況に置かれている。新型コロナウィルス感染拡大で政府から緊急事態宣言が出された中、NPO法人ブリッジフォースマイルは、社会的養護出身者たちが、生活や仕事の面でどのような状況下にあるのか、実態を把握すべく、2020年4月に実態調査を行った。その結果、69名の当事者からの回答を得た。この調査の中で、自分のメンタル面について、「やや落ち込んでいる」「ひどく落ち込んでいる」と回答した者は56％を占めており、過半数の人が「落ち込んでいる」と回答したことになる。今、困っていることや不安に思っていることについては「収入が減った」「仕事がないので貯金を切り崩して生活している」「家にいる時間が増えたので光熱費がかかる」といった経済的な問題が最も多かった一方で、「実家に頼れず、誰かに支えられているという実感がない」「こういう非常事態に孤独を感じることがしんどい」という意見も多かった。孤独を感じないためのつながりやコミュニケーションに関する支援ニーズが高いことがわかる。

## 4.　おわりに

　社会的養護の子どもたちの「しんどさの核」の一つは「実家がない」という点だといえる。貧困であっても、病気や疾病があっても「精神的に支えてくれる親がいる」つまり「心の軸になってくれるおとながいる」ということは、子ども／若者にとって心強い支えになると考える。しかし、社会的養護の子どもの多くは「一生涯、自分の軸として心の中で生き続けてくれるおとな」がいない。場面場面、自分のライフステージによって、「その時、重点的にかかわってくれた人」はいるが、「これまでも、これからもずっと一緒に生き続けてくれる人」がいない、という当事者は少なくないのではないか。私たちは親や家族から「ずっと同じ人が隣にいてくれることの安心感」を子どもの頃から与えられることによって成長し、大人になり、親になり、自分の新しい家族と共に、そうした「安心感」を一緒に創りあげようとして生きていく。社会的養護のもとで育つ子どもたちに、こうした「安心感」をどう育むことができるのか、施設職員や里親等、社会的養護の担い手の皆さんとこれからもずっと一緒に考え

続けていきたいと思っている。

　自分が誰かに支えられ、また誰かを支えている。そんな感覚や実感を社会的養護経験者を含むすべての人が確かに感じながら生きていけるような社会をつくっていきたい。社会的養護経験者にとって生きやすい社会は、当事者以外のあらゆる人にとっても生きやすい社会のはずである。

　〔**参考文献**〕
　厚生労働省（2020）「社会的養育の推進に向けて」厚生労働省子ども家庭局家庭福祉課、p.73.
　NPO 法人ビッグイシュー基金（2010）『若者ホームレス白書』
　神戸市（2017）『2017（平成29）年度児童養護施設退所者に関する実態調査報告書』神戸市子ども家庭局、2017年3月
　大阪府（2017）『大阪府子どもの生活に関する実態調査（支援機関等調査・児童養護施設退所児童等の実態調査）報告書』公立大学法人大阪府立大学、2017年3月
　東京都（2017）『東京都における児童養護施設等退所者の実態調査報告書』東京都福祉保健局、2017年3月
　全国児童養護施設協議会「就学・就労等に係る奨学金等各種支援制度等一覧」（http://www.zenyokyo.gr.jp/whatsnew/180611seidoichiran.pdf）
　AERA 特集記事（2019）「私も誰かを勇気づけたい：児童養護施設から大学に進学する子どもたち」『AERA』6月号、p22.

# アドボカシー

大分大学福祉健康科学部
栄留里美

## 1. 子どもの権利擁護・アドボカシーの取り組み状況

　2016 年に改正された児童福祉法に、ようやく子どもの「権利」が盛り込まれ、子どもの「意見が尊重」という文言も規定された。子どもの意見を聴こう、反映させようという取り組みはどこまで行われているだろうか。

　国連子どもの権利条約が定めた、子どもの聴かれる権利（The right to be heard）（12 条）とは第 1 項で子どもが自由に意見を述べる権利を、第 2 項で子どもに関係することは子どもに聴き、その意見をおとなは考慮しなければならないことを規定している。

　昨年自治体を対象とした調査で「当事者である子どもの権利擁護の取り組み（意見聴取・アドボカシー）」に取り組んでいる自治体は 10 自治体であり、32 自治体が取り組んでいないという（三菱 UFJ リサーチ＆コンサルティング 2020）。

　国連子どもの権利委員も日本政府に対して再三指摘をしており、2019 年の審査では「代替的養育」など「自己に関わるあらゆる事柄について自由に意見を表明する子どもの権利が尊重されていないことを依然として深刻に懸念する。」として、緊急の措置を講ずることを勧告している。今後社会的養育推進計画によって改善されるかもしれないが、現時点では取り組みが不十分であることが指摘されている。

## 2. アドボカシーとは？

　アドボカシーとは何か。聴かれる権利を保障するために、そしてその声を代弁すること。すなわち、支援者がアドボカシー役割を担うことは重要なことである。

　英語の"advocacy"とはラテン語の"voco"に由来している。"voco"とは、英語で"to call"のことであり、「声を上げる」という意味である。つまり、アドボカシーとは権利を侵害されている当事者のために声を上げること、すなわち「主張（唱道、弁護、支持）する」ことである。子どものアドボカシーの定義で分かりやすいものとしてイングランド政府の定義（2002）を掲載する。「アドボカシーとは子どものために声を上げることである。アドボカシーとは子どもをエンパワーすることである。そのことによって子どもの権利が尊重され子どもの意見と願いがいつでも聞いてもらえるようにするのである。アドボカシーとは子どもの意見、願い、ニーズを意思決定者に対して代弁することである。そして彼らが組織を運営するのを助ける。」。すなわち、子どものために「声を上げる」こと、子どもを「エンパワーすること」という2つの行動によって、「子どもの権利が尊重され子どもの意見と願いがいつでも聴いてもらえるようにする」のである。

　子どもの権利・声は無視されやすい。おとなだけで決定するのではなく、子どもの声にならない声にも耳を傾け、子どもの思いを反映させる「アドボカシー」役割が支援者に求められる。

## 3. 声が聴かれないとき……社会的養育ビジョンと
## アドボケイトについて

　既存の職員が子どもの声を考慮する体制があるなら良いが、そうではないとき、権利侵害を受けているとき、子どもたちが独立した第三者を代弁者として活用できる仕組みの必要性が厚生労働省でも言われるようになった。施設や学校とは独立して子どもの声を届けるイメージである（図1参照）。

　2017年に出された「新しい社会的養育ビジョン」には「新たな社会的養育という考え方では、そのすべての局面において、子ども・家族の参加と支援者との協働を原則とする。意見を適切に表現することが困難な場合にはアドボケ

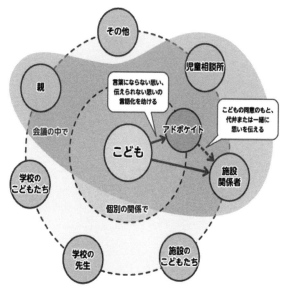

**図 1　アドボケイト概念図**

イトを利用できる制度の創設が必要である。」と規定されている。

　この子どもの参加を支える「アドボケイト」の導入について、ビジョンには９か所盛り込まれている。ここでは３つの文脈で書かれている。

　第１に、意思決定などあらゆる場への子ども参加とそれを支えるアドボケイトという文脈である。第２に「社会的養護を受けている子どもに関しては定期的に意見を傾聴し、意見表明支援や代弁をする訪問アドボカシー支援などが可能になる子どもの権利擁護事業や機関を創設することが必要である」と指摘される。第３に児童相談所の決定に関して、児童福祉審議会が子ども本人、アドボケイト等から申請を受けて子どもの権利が擁護されているかの審査を行うというものである。都道府県社会的養育推進計画においては「当事者である子どもの権利擁護の取組（意見聴取・アドボカシー）」が２番目の項目に入っている。このアドボケイトの検討については、2019 年から厚生労働省で権利擁護ワーキンググループが開始され、近く結論が出される予定である。

　私は社会的養護経験者とともに図２のアニメ（2020）を制作した。４分間のアニメである。どんな役割を担うのかイメージが持てるのではないかと思う。

アニメの QR コード→

**図2　こどもアドボケイト説明アニメ@ YouTube**

参考までに掲載しておく。

## 4.　訪問アドボカシーの試行実践

　訪問アドボカシーとは、アドボカシーについて養成講座を受けた第三者が、施設等に定期訪問し、施設入所者の苦情や意見等を聴き、要望があれば代弁して改善を求める取り組みだ。本稿は、イギリスの実践を参考に、筆者が NPO（現：NPO 法人アドボカシーセンター OSAKA）と協働で行ってきた児童養護施設での訪問アドボカシー活動について述べる。

## 5.　活動の経緯——英国の取組と日本のニーズ調査

　英国では子どもの意見表明権の保障に重きを置いた外部の独立機関による子

どもアドボカシーサービスの提供が自治体に義務付けられている。その一部として、アウトリーチで施設に訪問する「訪問アドボカシー」が存在する。セキュアユニットなどの自傷他害のおそれのある子どもたちの入所施設は提供が義務化されているが、児童養護施設は任意となっている。

　日本の福祉施設から任命されている第三者委員と異なるのは「中立」ではなく子どもの側に立ち、子どもが話したいことのみを話す「子ども主導」である。さらに、子どもの側に立つためには「守秘義務」が重要である。命にかかわること以外は、子どもの同意なしに施設側にも伝えないという意味で、他の専門職とは異なる立場だ。

　このような英国の訪問アドボカシーを土台として、日本でもニーズ調査を行った（堀編・栄留・久佐賀ら 2018）があるのか調査をした。小学生は「毎日来てほしい」、中高生はおとなと子どものパワーバランスを背景に、子どもの味方となるアドボケイトの必要性を述べた。職員調査では、子どもをエンパワメントし、施設の小規模化に伴う権利侵害を予防する可能性を持つ一方で、職員への負担が懸念された。子ども・職員からの導入ニーズを踏まえて、懸念を最小限にするため、研究者と受入施設の間で綿密な事前協議を行い、試行実践を開始した。


## 6. 活動概要

　本活動は、2017 年から活動開始。チャイルドライン等、主に市民活動を行ってきた経験を持ち、かつアドボケイト養成講座を修了した方々が、週に 1 回 3 時間程度施設を訪問。施設とは独立性や守秘等の契約書を交わし、資金は施設からはもらわず、研究者の科研費等の外部資金を活用した。私は施設とアドボカシー団体とを取り持つコーディネーターとスーパーバイズを行う立場で関わった。アドボケイトトは定員 30 名のユニットケアに 2 名のアドボケイトが週に 1 回、6 名定員の地域小規模に別のアドボケイト 1 名が 2 週に 1 回訪問した。

　訪問アドボケイトの役割は遊び等を通しての「関係構築」を半年程度行った後、「権利啓発」として権利のスタンプラリーなどのワークショップを行い、自立支援計画に意向を反映する取り組みやお茶会（名称　スペシャルルーム）を契機に傾聴し、改善を求める場合にはどのように伝えるかなど「意見形成支

援」「意見表明支援」を行った。個別のアドボカシーだけではなく、施設の設備や支援方法についてアドボケイト自身が見て分からないことについて質問し改善を促す検討システム検討会を3か月ごとに行った。

## 7. 事例

　まず、実際にあった事例をあげることで活動のイメージを共有したい。

　アドボケイトが訪問した日だった。別の子どもの面談をしていたとき、えのんさん（仮名）の部屋からドンドンという壁を蹴る音。普段はおだやかな子どもだったため、「何か言いたいことがあるかもしれない」と感じたアドボケイトは、本人に壁を蹴る理由を尋ねた。職員から理不尽に怒られ部屋のテレビを没収されたとのこと。職員からの言い分もあるだろう。しかし本人からみたらわかってくれない思いが壁を蹴るという行為になっていた。

　アドボケイトは本人が感じている気持ちを否定せずに傾聴した。本人が冷静さを取り戻し、職員の言い方に苛立ってしまうことをいっしょに整理することができた。アドボケイトが「どう言ってもらうのがいいと思う？」尋ね、言い方について書き出し以下の「フレームチェンジ」を一緒に作った。

　　フレームチェンジ（抜粋）
　　・「うるさい！」「静かにして！」
　　　➡「ちょっと静かにしよ〜♪」と優しい口調で言ってもらいたい。
　　・「あやまってー！」
　　　➡「どうしたの？」とまず、話を聴いてほしい。その後、「謝ろうか」と言ってもらえると「わかった。」ってなる。


　えのんさんの提案で職員にこのフレームチェンジを渡し、職員会議でも説明とともに配られた。職員の子どもの声に寄り添いたいという努力のおかげで、言い方を変えてくれるようになった。えのんさんに後日話を聴くと、職員の言葉は「よくなった」とにこやかに語ってくれた。

　第三者だから冷静に聴き、伝えることができる。そして職員も知りえなかった声に気づき改善する契機にもなった。もちろん事例のように、職員も実現し

ようという思いや変わろうとする意志がなければ変化はない。

　当初私たちは子どもの側にアプローチするイメージばかりもっていたが、職員の努力があってこそ変化が生まれること・それを促すことに気づけたのであった。


## 8.　子ども・職員はどう感じたか？

### （1）子どものインタビュー

　訪問活動が2年経過したころ、アドボケイトとの面談を2回以上経験した入所中の子ども19名とアドボケイトとの関わりがあった施設職員7名に個別インタビュー調査を行った（栄留2020）。

　子どもたちから「（職員との比較から）怒らないで聴いてくれた」「学校のこととか施設のことを話した」「楽しみだった」と個別にじっくり話を聴くスタイルが肯定的な評価となった。「秘密を守ってくれた」ことに信頼感を抱いており、子どもにとって重要な点であることがうかがえた。課題は「時間が足りなかった」であり、もっと話したいというニーズがあった。

　意外だったのは、以下のように悪いことだけではなく良いこと、たとえば「部活で、早起きとかしてお弁当とか作ってくれてたから、それが普通みたいになってたけど、早起きしてくれてありがとうっていうのを言ってもらってました。（中略）言ったほうが、相手に気持ちが伝わるから、口に出して言ったほうがいいなあと思いました。」ということも語られたことだった。


### （2）職員のインタビュー

　職員は、多忙で「横道において」しまいがちだった子どもの思いを聴こうとするようなった・子どもが話すようになった・落ち着いてきたなど、肯定的な評価があった。次の語りでは、職員が子どものニーズを知り、支援がしやすくなったことを語っている。

　　「自分が担当している（子の名前）の自立支援（計画）を一緒にさせていただいて。そのとき私には言ってなかったことを、アドボケイトさんに言ってたんで、そういうふうに思ってたんだっていうのがすごい良かったです。

だから多分、直接は言わんかったけど3人で自立支援のやるときに、ああ、こう思ってたんだっていう話ができたんで、そっからはここじゃなくても話せるようになったっていうか。

　一方、改善したいのに子どもから聴いた話を秘密にされることが課題ということも指摘されている。

## 9. 制度化への展望

　アドボケイトが施設とNPOの契約になると、子どもの権利に意識の高い施設だけが契約しすべての子どもが享受することができない。また施設から気に入られなければ契約が切れて終わるかもしれない。そのような課題を防ぐためにも政府による制度化が求められるだろう。

　一方で、制度化すれば、子ども側に立つことや、独立性という面がどのように担保されるのか。公平性の名のもとに「第三者委員」と変わらない仕組みになるのではないかと不安もある。制度化するのであれば、アドボカシーとしての理念の規定、独立性の担保、十分な養成期間・スーパーバイザーの配置・資金面の確保等、アドボケイトの独自性を発揮できる仕組みが必要である。

　大分県でも2020年度から児童福祉審議会を活用した子どもアドボケイト制度のモデル事業が始まった。まだまだこれからの取り組みであるが、活動を積み重ね、子どもの声がより正当に重視される社会的養育に寄与する仕組みになることが望まれる。

〔文献〕
　栄留里美（2020）「児童養護施設における訪問アドボカシー実践の評価研究─子ども・施設職員へのインタビュー調査に基づく考察」『子ども家庭福祉学』（20）、53-66
　三菱UFJリサーチ＆コンサルティング（2020）『令和元年度子ども・子育て支援推進調査研究事業：アドボケイト制度の構築に関する調査研究報告書』
　堀正嗣編著，栄留里美，久佐賀眞理，鳥海直美，農野寛治（2018）『独立子どもアドボカシーサービスの構築に向けて─児童養護施設と障害児施設の子ども職員へのインタビュー調査から』解放出版

# 子どもの貧困と児童養護問題の階層性

日本福祉大学社会福祉学部
堀場純矢

## 1. はじめに

　日本では、労働法制の規制緩和のもとで、正規から非正規への置き換えが進み、非正規労働者の割合が約 4 割に達するとともに、精神障害の労災請求件数（2019 年）が過去最多を更新するなど、雇用が劣化している。こうしたなか、子どもの貧困率（2015 年）は、前回の 16.3％（2012 年）より改善したものの、依然として 13.9％と高く、ひとり親世帯の貧困率も半数（50.8％）を超えている（厚生労働省 2017）。

　また、最近ではコロナ禍のなかで失業問題や DV などが深刻化しており、児童養護問題（以下、養護問題）の裾野が広がっているといえる[*1]。このような状況を背景として、児童相談所の児童虐待相談対応件数が年間約 19 万 3000 件（2019 年度、厚生労働省 2020a）を超え、過去最多を記録するとともに、それと連動して施設への入所理由も、「虐待」に分類される「放任・怠だ」「虐待・酷使」「棄児」「養育拒否」の合計が 45.2％にのぼっている（厚生労働省 2020b）。

　こうした状況があるにもかかわらず、貧困問題を解決・緩和するための生活保障制度は、「すべり台社会」（湯浅 2008）といわれるほど脆弱である。さらに、「生活保護バッシング」に代表されるように、労働者のなかにも自己責任論が根強く存在している。そこで、本稿では筆者が行った調査をもとに、児童家庭支援センター（以下、児家セン）の職員に必要な養護問題の階層性を捉える視点について取り上げる。

## 2. 児童養護問題の階層性

### (1) 親子の貧困問題

　親子の貧困の実態は、児童養護施設（以下、施設）からみるとその深刻さが鮮明になる。しかし、厚生労働省が5年ごとに実施している「児童養護施設入所児童等調査」では、1992年の調査以降、親の就労・所得の項目が削除されたため、養護問題の階層性を把握することが困難である。

　そこで、筆者は施設入所に至る子どもと親の生活問題を明らかにするための調査（6施設）を行った（堀場2013：70-105）。そこでは、祖父母の代からの貧困を背景として、親の学歴が低く（「不明」を除くと約93％が「高校卒」以下）、それに規定されて「不安定就労」（約32％）、「無職」（約28％）、「生活保護」（約10％）の割合が高い。このため、「社会保険」に加入できず、「無保険」状態の者が約26％もいた。

　居住環境をみると、収入が不安定なために「民間アパート・借家・寮」「公営住宅」など、相対的に手狭な住まいでくらしている者が計約45％であった。こうした生活実態を反映するように、健康問題も深刻（「精神疾患」約26％、「自覚症状・慢性疾患」約22％）である。

　とりわけ注目したいのは、祖父母の代からの貧困を背景として、「低学歴→不安定就労→失業→借金→健康状態の悪化→子どもへの虐待・放任→施設入所」という貧困の再生産が多くみられたことである。このように養護問題の背景には、厳しい社会のしくみのなかで引き起こされる親の労働問題（失業、不安定就労、低賃金など）と、それを基底とした生活問題（家計の脆弱化・破綻、借金、孤立、健康破壊など）の深刻化があり、最終的に子どもへの虐待・放任として顕在化している。

　また、親の多くは初職から不安定な雇用・労働条件の下で働いており、不安定就労の者同士が結婚（事実婚を含む）して親となっている。そのため、子どもは胎児のときから不安定な生活を余儀なくされているだけではなく、親自身の生活の維持すら困難な状況におかれている。

　さらに深刻なのは、親の多くが「生活文化の貧困」を抱えていることである。「生活文化の貧困」とは、社会経験（旅行、外食、買い物、友人関係など）の少なさ、食文化や家族間の対話の貧しさ、暴力的な人間関係などの状態に長年

おかれ続けたことをいう。そのため、親の多くは負い目や自己否定感に加えて、精神的な不安定さを抱えており、生きる意欲すら削がれている。

　この点については、筆者が行った母子生活支援施設（以下、母子施設）職員への聞き取り調査（10施設）に典型的に現れている（堀場 2013：164-190）。例えば、母子施設の職員からは、「どうやって母子分離するかが課題。ある意味、共依存になってしまっている」「母親の暴言が酷い」「子どもが母親に気を使い、職員に暴言や本音を言ったりする」「当たり前のことを伝えるのが困難で、伝えてもわからない。親子で楽しく過ごす感覚がない」「母親は子どもを主体にした生活ができない」「母親の子育てがままならなかったり、借金や食事が作れなかったりする」など、母親の精神的な不安定さや生活能力の低さが指摘された。

　これは「生活文化の貧困」の影響といえるが、母子施設で暮らす母親は貧困の再生産を背景として、成育歴のなかで虐待やDVなどの不適切なかかわりしかされてこなかったため、基本的な生活習慣や人との心地よい距離の取り方がわからず、そうした状況に至ったといえる。さらに、母親は手本になる親がいなかったため、職員から口頭で説明されてもそれを理解することが難しいのではないか。そうであるなら、職員が母子の生活のなかに入り、具体的な行為をとおして継続的に家事・育児などを支援するしくみが必要である。それに加えて日本では、子育てをしている女性の雇用環境が厳しいうえに、公的な支援も手薄である。

　こうした状況から、養護問題を抱える親の多くは公的機関に自ら相談することは皆無に近い。したがって、児家センの職員が面接や家庭訪問をとおして彼らの生活実態を把握するとともに、そこで本音を引き出し、関係を築くことの意義は大きい。次に施設の典型事例から施設入所に至る社会的背景をみていく。


## （2）典型事例

　本項では前述した調査（堀場 2013：70-105）のうち、施設の2つの典型事例から、子どもが施設入所に至った社会的背景をみていく。なお、事例は個人が特定されないよう、一部加工がされている。

　まず、1つ目は母の精神疾患と虐待により、Aが施設入所となった事例である。Aの父は地方の出身で、母とは内縁関係である。父は地方から出稼ぎに

行ったまま家に帰らず、派遣会社に勤務していたときに母と知り合う。その後、母と出会い、同棲を始めたが、父は数年後に勤務先を解雇される。父はその後、工場で働くが、母の発病で仕事を休んだところ、解雇されて失業中である。父は失業してから飲酒をして、母に暴力をふるうようになった。

母は中学卒業後、零細企業で働くが、不況で勤務先が倒産して失業する。その後、精神疾患による入退院を経て、父と出会って同棲し、Aを出産する。母は父の失業後にDVから逃れるが、精神疾患で入院したため、Aは施設入所となる。その後、母はAを引き取るが虐待をしたため、Aは再び施設入所となった。

2つ目は、父の死亡と母の精神疾患により、B兄弟が施設入所となった事例である。父は高校卒業後、自衛隊で働いた後、下請の工場で働く。その間に母と飲食店で出会い、結婚した後、不況により勤務先が倒産して解雇される。その後、自営業として独立するが、過労による疾患で死亡した。

母は高校卒業後、精神疾患で入院していたため、就労経験はほとんどなく、多額の借金がある。父とはアルバイト先で知り合った。母はB兄弟を出産後も精神的に不安定で、父に支えられて生活をしていたが、父の死亡後、母が精神的に不安定で入退院を繰り返していたため、B兄弟は施設入所となった。

ここでみた事例では、入所理由が虐待や精神疾患となっているが、その背景には厳しい社会のしくみのなかで構造的に引き起こされる親の労働問題（勤務先の倒産による失業、不安定就労、過労など）がある。その他の事例をみても、仕事を探すが子連れではダメだと30か所くらい断られたという父親や、性的虐待によって精神疾患になった母親など、自己責任とはいえない実態がある。そのため、結果（現象）としての子どもへの虐待・放任だけではなく、親の労働・生活歴をふまえて養護問題の本質を捉える必要がある。

児家センで職員が日々かかわっている親子は、施設入所の一歩手前の段階にあり、脆弱な生活基盤のもとにおかれていると考えられる。そのため、ここで述べたように、養護問題の階層性を捉えたうえで親子と向き合う姿勢が必要で、それなしに共感的な支援は困難といえる。

## 3. 結論と課題

本稿では、養護問題を抱える親子の社会的背景と階層性についてみてきた。ここで取り上げた養護問題を抱える親子は、社会の矛盾を集約・体現しており、一般的な低所得層とは質が異なるほど、深刻な貧困問題を抱えている。

一方、それと彼らの支援を担う児家センや児童相談所の職員のような相対的安定層の労働者が抱えている労働・生活問題を比較すると、その現れ方や深刻さに大きな違いがある。そのことや立場の違いが両者の共通理解や関係を築くうえで障壁になっているともいえる。また、客観的にみると、図1のように両者が分断されているため、養護問題を抱える親子は特殊な貧困層の問題として捉えられることが多い。

しかし、今は相対的安定層であっても、生活保障制度が脆弱な日本では、生計中心者の失業や疾病を契機にして貧困層へ陥る可能性は否定できない（高林2004）。したがって、階層や問題の現れ方に差異はあっても、同じ労働者として抱えている労働・生活問題には共通性・連続性がある。筆者はそれを理解することによって、児家センの職員が自己責任論に陥ることを防ぐとともに、両者の共同関係を築く根拠になると考える。

翻って、養護問題が深刻化する背景には、社会福祉だけではなく、雇用・住

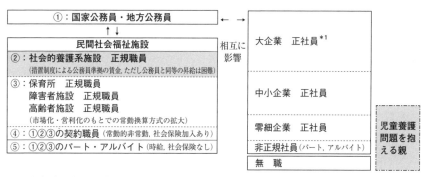

出所：伍賀（2010）、三塚（1997）を参考に堀場作成。堀場（2013：287）図 9-1 を一部改変。
注 ＊1 ただし、近年は大企業の正社員であっても、成果主義のもとで精鋭的な働き方が求められていることや、ブラック企業も増えている。また、「名ばかり管理職」（NHK「名ばかり管理職」取材班 2008）や、「周辺的正社員」（木下 2007）の場合もあるため、正社員であっても雇用が安定しているとはいえない。

**図1　児童養護問題を抱える親と施設職員の階層性**

宅・医療・教育を含む制度の貧困さがある。そのため、制度の改善に向けたソーシャルアクションをどのように展開していくかが今後の課題である。

注
＊1　ここでいう児童養護問題とは、資本主義社会における雇用労働者・自営業者などの社会階層にある子育て世帯の生活の維持・再生産の行き詰まり、困難の問題である。

〔引用文献〕
木下武男（2007）『格差社会にいどむユニオン―21世紀労働運動原論―』花伝社，67-70，80-83.
厚生労働省（2017）「平成28年　国民生活基礎調査の概況」https://www.mhlw.go.jp/toukei/saikin/hw/k-tyosa/k-tyosa16/dl/03.pdf（2021年4月7日閲覧）
厚生労働省（2020a）「令和元年度　児童相談所での児童虐待相談対応件数　速報値」https://www.mhlw.go.jp/content/000696156.pdf（2020年12月10日閲覧）
厚生労働省（2020b）「児童養護施設入所児童等調査の概要（平成30年2月1日現在）」https://www.mhlw.go.jp/content/11923000/000595122.pdf（2020年5月17日閲覧）
伍賀一道（2010）「雇用・失業問題―その今日的課題―」『経済』№179，新日本出版社，41-58.
高林秀明（2004）『健康・生活問題と地域福祉―くらしの場の共通課題を求めて―』本の泉社，167-168.
NHK「名ばかり管理職」取材班（2008）『名ばかり管理職』日本放送出版協会
堀場純矢（2013）『階層性からみた現代日本の児童養護問題』明石書店，70-105，164-190，287.
三塚武男（1997）『生活問題と地域福祉―ライフの視点から―』ミネルヴァ書房，145.
湯浅誠（2008）『反貧困―「すべり台社会」からの脱出―』岩波新書，19-58.

# 相談・支援と運営上の実務

# 児童家庭支援センターにおける相談・支援と運営上の実務（記録と実績報告）

全国児童家庭支援センター協議会
**藤井美憲**
金沢学院短期大学
**砂山真喜子**

## はじめに

　児童家庭支援センター（以下、「児家セン」）の基本的なあり方は、児童福祉法や「児童福祉施設の設備及び運営に関する基準」、「児童相談所運営指針」及び「児童家庭支援センター設置運営要綱」の通知（以下「運営要綱」）に規定される内容を前提としている。改めて言うまでもないが、法制度上に規定された役割を果たすということは、全ての児家センに求められることである。特に、児家センの4つの共通基本機能（①相談・助言機能、②福祉的支援機能、③心理的支援機能、④連絡調整機能）をもって、運営要綱に示された5つの事業（①地域・家庭からの相談に応ずる事業、②市町村の求めに応ずる事業、③都道府県又は児童相談所からの受託による指導、④里親等への支援、⑤関係機関との連携・連絡調整）を実施していくことが重要である。

　本章では、児家センの4つの共通基本機能と5つの事業を確認しながら、児家センにおける相談・支援について述べる。さらに、児家センの開設及び運営面について、実務の記録としての統計処理および報告書作成における留意点や作成の手引き（Q&A）について整理する。（「児童家庭支援センター運営ハンドブック改訂3版」[*1] を一部引用する）

## 1. 児童家庭支援センターにおける相談・支援

### (1) センターの共通基本機能

　2008年（平成20年）に、全国児童家庭支援センター協議会がまとめた「児童家庭支援センターのあり方に関する研究事業報告書」[*2] では、児家センに求められる機能を共通基本機能と選択実施機能の2つに大別し、そのうちの共通基本機能を、全ての児家センが最低限持つべき機能とした。言い換えれば、最低限実施すべき機能である。この基本機能の果たし得る知識と技術が、全ての児家センが共通して持たなければならない専門性であるといえよう。

#### ①相談・助言機能

　共通基本機能の中でも最も基本となるもので、児家センの窓口的機能である。電話相談や来所の面接相談に加えて、アウトリーチ型の相談など、さまざまな相談方法が考えられる。いずれの相談・支援においても、個別ケースの主訴の整理と正確なアセスメントが重要であり、そのための丁寧な情報収集が不可欠である。この「相談・助言機能」を積極的に果たしながら、利用者の声に丁寧に耳を傾け問題の解決にむけて寄り添う職員の姿勢は、全児家センに共通する基本的留意事項である。

　どんなに軽微なケースであっても、一つひとつ丁寧にかかわっていかなければならないことは明白であるが、児家センにはより高い専門性が求められていることを忘れてはならない。高い専門性を特に必要としない軽微な相談については、地域の関係機関を紹介するなどの対応が求められる。もちろん、相談の内容によって、それに応じるか否かが決められるものではない。また、児家センに高度な専門性や技術力があればあるほど、地域からさまざまな要請や依頼を受けることになるであろう。しかしながら、そのような中で私たちには、期待された役割を果たしていくことが求められるのである。

　なお、相談の内容を十分に把握し、必要な機関や資源につなぐために、日頃から関係機関との連携を密にし、それぞれの機関の役割や特性をしっかりと理解しておくことや、有益な関係性を構築しておくことも重要である。

#### ②福祉的支援機能

　地域において、ソーシャルワーク機能やコミュニティワーク機能を果たすことであり、児童福祉法第26条1項第2号および第27条第1項2号の指導を受

託し、子どもと家庭を援助する「指導委託」も含まれる。支援の際には、援助という視点でのかかわりから当事者の主体性を尊重したかかわり、さらにはストレングスやエンパワメントという子どもと家庭の主体性を強化するかかわりなど、事例に応じて幅広いかかわりの視点が求められる。

### ③心理的支援機能

児家センには、児童相談所と同様、子ども家庭福祉に係るソーシャルワーカーと共に、公認心理士や臨床心理士等、心理担当職員が配置されている。ソーシャルワーカーと心理担当職員との協働は、子どもや家庭のニーズについて多面的かつ正確な見立てを可能とする。これは児家センの強みの一つであるといえよう。

心理的支援機能には、心理発達に関する高い知見や専門性を生かした心理アセスメント、発達検査、心理治療、心理療法の実施などが含まれる。当然のことではあるが心理アセスメント及び発達検査はそれ自体が目的ではなく、その後の心理治療・心理療法あるいは福祉的支援機能を有効にするために適時実施されるべきものである。独立して心理アセスメント及び発達検査のみを行うことは、共通基本機能に含まれないので留意して欲しい。

### ④連絡調整機能

上記3つの共通基本機能を円滑かつ有効に実施するために、関連する他機関との連携や連絡調整を果たす機能のことをいう。ちなみに、「要保護児童対策地域協議会」（以下、「要対協」）の事務局を担うことや、予防的観点から地域の組織化を図るといった地域福祉におけるイベント、共催事業での連絡調整活動は、選択実施機能のうちのネットワークセンターに含まれる。

これらの基本的機能をもつことは、運営要綱に示された5つの事業の遂行に最低限必要なことである。その上で、それぞれの機能を強化し専門性を担保すること、そして、全国どこでもどの児家センにおいても、同じ基準の支援を提供できることが求められている。


### （2）児家センにおける相談・支援とは

児家センにおける相談・支援については、運営要綱の目的に明記されている。

児童家庭支援センターは、地域の児童の福祉に関する各般の問題につき、児童に

関する家庭その他からの相談のうち、専門的な知識及び技術を必要とするものに応じ、必要な助言を行うとともに、市町村の求めに応じ、技術的助言その他必要な援助を行うほか、保護を要する児童又はその保護者に関する指導を行い、あわせて児童相談所、児童福祉施設等との連絡調整等を総合的に行い、地域の児童、家庭の福祉の向上を図ることを目的とする。

　児家センが行う相談・支援の対象は「地域の児童、家庭」である。地域の児童とは、「相談・支援が必要な児童」であり、児童福祉法で示された「要支援児童」である。児童福祉法では、「要支援児童」の他に「要保護児童」という用語も用いられており、これは「保護が必要とされる児童」を表している。（児童福祉法　第六節「要保護児童の保護措置等」、第25条の二）「要保護児童」については、里親やファミリーホーム、乳児院や児童養護施設などの社会的養護における施設が対応することとなるが、児家センが支援を行う「要支援児童」がその経過の中で「要保護児童」となることもある。

　「要保護児童」が里親委託や施設入所といった措置が行われる時を「入口」とすれば、委託解除あるいは措置解除となって地域の家庭で生活するようになる時を「出口」とした場合、児家センのかかわりは「入口」までの地域での生活と、「出口」の後の地域での生活を始めてからのかかわりとなる。つまり、児家センの支援は地域における要支援状態への対応であり、地域の中での支援であるといえる。

　「要支援児童」に対し、地域においては要対協が対象児童の情報を把握し、地域における支援のあり方を検討するとともに、具体的支援を行うことになっている。児家センが「専門的な知識及び技術を必要とするものに応じる」役割があることを踏まえれば、児家センが要対協に参画し、「要保護性の高い家庭・児童」への介入及び支援の役割を担うことは必須である。この「要保護性の高い家庭・児童」への支援が的確に行われれば、要保護となる問題を未然に防ぐ、あるいは解決することができるであろう。このような支援が児家センに求められているのである。

## 1）相談の実際

　利用者が児家センに相談をしようと思う時、利用者は自分で利用する意思の

ある人、紹介されて利用してみようと思って利用する人である。自分で利用しようと思える利用者の場合には、相談意欲もあり比較的問題解決の意欲も高い方が多い。紹介の場合は、逆に相談意欲が低く、仕方なく話をしていることも想定される。相談受付時に紹介の経緯や紹介者の意図も汲み取ることが必要となり丁寧に話を傾聴して問題の整理をすることが必要になる。

　利用者からの相談内容にあわせて、相談員は的確にその意図を把握し支援の流れに結び付くような返答をしていくことが求められる。以下に、相談内容に応じた相談員の判断のポイントと役割についてまとめる。

①児家セン運営要綱による判断と役割

　児家センの運営要綱では、「地域の児童の福祉に関する各般の問題につき、児童に関する家庭その他からの相談のうち、専門的な知識及び技術を必要とするものに応じ、必要な助言を行う。」と明記されている。

　家庭、地域の関係機関、地域住民から専門的な知識及び技術を必要とする相談に応じる場合には、家庭及び機関への訪問等の方法により積極的に児童及び家庭に係る状況を把握し、支援課題の明確化を図ることが必要である。専門的な知識を特に必要としない軽微な相談については、近隣他機関と連携して紹介するなど、適切な対応をすることが必要になる。利用者が市町村の担当課への支援や介入を拒否する家庭へのかかわりについては、児家センの立場の有効活用が期待され、支援・介入ができる役割を担うところである。

②児家センが担う「専門的な知識及び技術を必要とする相談」からの判断

　利用者からの相談内容は多岐にわたっており、相談員は傾聴しながら問題の整理をすることが求められる。「専門的な知識及び技術を必要とする相談」の主な内容は、以下のような内容となるであろう。

・精神疾患や障害のある養育者の支援に関すること。

・子どもの発達障害、幼児期、思春期の課題への対応方法に関すること。

・家族支援（障害受容を含む）の方法に関すること。

・支援拒否家庭への支援に関すること。（相談・支援の関係を築き、適切な相談機関につなげるようにする。）

・介入拒否家庭への支援に関すること。（支援対象者とかかわる理由の共有を試み、かかわりの糸口をつかむようにする。）

・孤立家庭への支援に関すること。

・DV 家庭と児童虐待への対応に関すること。

・ひとり親家庭の自立のための精神的支援に関すること。

・さまざまな支援機関の支援が届いているが動けない人（行動できない人）の支援に関すること。（「動けない人」ととらえ、支援方法よりエンパワメントを優先する）

③児家センが担う「児童虐待の予防と防止への対応」における判断と役割

　地域の中で起こる児童虐待は、本来予防されるように働きかけていくべきである。しかし、児童虐待問題は地域の中で、いつ発生してもおかしくない状態である。児家センは、要対協などからの情報をもとに発生予防の役割を担いながらも、発生してしまうリスクについて常に留意すべきである。児童虐待への判断と役割については、以下の項目で対応することになる。

・発生予防（継続支援中の家族においての不適切養育の防止）

・早期発見、早期介入、早期対応（さまざまな場面で早めの気づき）

・危機介入（発生時の介入とリスク判断およびリスクマネジメント）

・家族再構築支援（予防の場合にも防止の場合にも家族関係のリスク判断とバランスの良い再構築支援の提供）

・再発防止・地域でのリスク管理（要対協における判断とリスクマネジメント、防止策の検討）

④地域における児家センの役割

　軽微な相談については、地域で最も適切な相談機関につなげる。連携をつくり、つなげる判断と技術も必要である。児家センは地域における各種相談機関の連携の要となることを目指していきたい。


## 2）支援者の姿勢

　さらに、支援者の態度が利用者に直接的に影響を与えるということを忘れてはならない。支援者にまず求められるのは、利用者に真剣に向き合う真摯な気持ちと態度である。その上で、利用者と意図的にかかわることが必要である。

①利用者からの話を整理する

　聞き取り事実を整理したフィードバック（〜ということですね、など）で、利用者に「そうです」と同意を得らえる問いかけが多いと、利用者は気持ち的にも理論的にもすっきりする。安定した関係の構築につながる。

②利用者に意図を持って反応する

　利用者をコントロールすることはできないが、支援者が自分のかかわりに目的や根拠を持ち、自身をコントロールしながら利用者に意図的に働きかけるようにする。

③感情の動きに注目し、利用者の変化を把握する

　利用者の喜びや楽しみなどのプラスの感情だけではなく、怒りや憎しみといった一般的にはマイナスとされる感情も大切にし、自由に表現できるよう配慮する。気持ちが動くと利用者は変化し始めるので、その変化に留意する。

④流れに沿った相談の組み立てを意識する

　支援の過程では、時として利用者が予想外の感情表現をすることがある。これらの感情にはどういった意味があるのかを理解し、利用者に振り回されることなく適切に反応することが求められる。支援者自身の感情の特性や特徴を自覚しながら、安定した関係性で相談支援が進められるよう配慮する。

⑤支援者の持つスキルの使い分け

　支援者の持つスキルは、利用者の状況や状態に応じて使い分けを行う。話のペースや言葉遣い、表現の強弱、感情表現の豊かさなど、その状況に合わせて臨機応変に対応できるようにする。


3）支援の実際

　相談を受け付けた後は、具体的な支援の方法を検討することになる。支援の内容は、相談内容に応じて検討されるが、実に多様である。大別すると、以下のようになる。

　・電話相談など、初回の相談で１回の相談で解決する場合

　・相談内容が１回の相談で解決せずに支援計画を立てることが必要になる場合

　・要対協のケースで、関係機関と支援計画を共有して支援しなければならない場合

　いずれの場合も、利用者との間で解決目標を共有して支援方法を選択することが必要になる。利用者が支援を望まない場合には、支援計画の共有に工夫と時間が必要となる。

　支援計画の作成に当たっては、現状の把握、課題の把握、リスクのアセスメ

ント、支援目標、支援方法を明確にして、これに基づく計画的な支援を行うとともに、随時計画の再評価を行う。

要対協と共同で支援計画を作成し、役割分担を明確にするに場合には、家族の現状のアセスメント、家族支援計画、家族との関係つくり等の技術的協力及び助言・提案を行う。支援拒否、介入拒否家庭へのかかわりについては、児家センの立場を有効に活用できる支援が望まれる。

要対協においては、消極的な参加や共通認識が持てず対立する状態から、子どもや家族が抱える課題の解決もしくは現状維持を目指し、各々の機関が主体的に役割を持ってかかわる関係を目指したい。意見が対立する場合には、意見を同じ考えにすべく説得に時間をかけるより、対立する部分ではなく共有できる部分に注目し他機関と一緒に話し合いを行うことが肝要である。

児家センの主な支援業務は、必要な情報収集とアセスメントによって明らかにされた課題について、支援計画を立て具体的に支援を実施し、その取り組みの経過を記録していくこと、さらに、それらを児家セン全体で共有することによって機関としての取り組みの一貫性を担保し、関係機関への支援内容の継続性・連続性を示唆していくことである。以下に家族支援の実際について具体的に示す。

### 4）家族支援の実際
#### ①受理：初期アプローチ
・利用者に児家センがかかわることを（かかわりを望まない場合でも）承知してもらう。

　→その際に相談員ができること、できないことを伝える。
・利用者に児家センと相談支援関係の構築に向けて働きかける。

　→警戒心を取り除いたり、相談員への依存状態を回避したりすることを心掛け、相談者の主体性を尊重する。
・利用者を支援過程に参加してもらうようにする。

　→相談員が利用者に動機づけを行い、相談者のニーズを把握する。
・支援の連続性・継続性に必要な情報を集める。

　→支援計画を立てるため、適切で役に立つ情報を入手する。（事前の準備が必要）

②アセスメント：支援内容の評価
・利用者個人による評価を行う。
　　→利用者から実際に行った支援内容への意見要望を聞き、家族の評価を行う。
・関係者（利用者、相談員、関係機関）の相互作用をチェックする。
　　→支援の経過から、相互に影響を与えている内容を確認する。
・現状の因果関係を分析する。
　　→今、なぜこの状態なのか。人と状況から分析を行う。
・過去の支援等の確認（経過の振り返り）
　　→疾病を含み、経過の分析を行う。
・リスクアセスメントを行う。
　　→現状には、どんなリスクがあるか検討し状態を把握する。
③支援計画の作成
　　→支援計画は、長期目標と短期目標を決める。短期目標の中には暫定目標（はっきり特定でき、すぐ取り掛かるべき課題）も含む。
④支援の実施
　　→多くの機関が同時に関わる場合は、情報の集約機関（調整の主担当機関）を決めて支援の進行管理を行う。
⑤再評価（再アセスメント）
　　→関係者を集めて（時には当事者も含める）、計画に基づいた実践がなされているか、振り返りと評価を行う（情報管理も含む）。
⑥継続・改善のための支援に結び付ける
　　→評価を経て支援を再考し実行する。


5）支援の自己評価
　児家センの支援の基本は、「受理・アセスメント→支援計画→実践→評価→継続実践」である。これに加えて、支援が効果的に展開されているかどうかを評価して、より良い支援を継続的に展開していくこととなる。これはいわば、福祉支援の PDCA サイクル（Plan ／ Do ／ Check ／ Action）である。
　多様な相談支援が展開されれば、その分だけ受理のあり方も多様化することとなるが、児家センの支援者はどのような場合においても、相談内容にある問題の深刻度を推し量れるだけの情報を得て判断し、対応を行うこととなる。全

ての場合において、初期のリスクアセスメントを行っているのである。

　ただし、これらが支援者個々のスキル差に左右されることは、好ましくない。支援者の経験や主観ではなく、客観性の保たれた視点での判断が、できるだけ高い水準で維持できるよう、支援展開の標準化を図りたい。特に、児家センが社会に期待される役割は、地域における子ども家庭福祉の専門支援機関である。それゆえに、地域の困難事例を支援対象とすることが多くなると想定される。継続支援を必要とする多様な問題を抱えた子ども家庭への支援について、期待されるところが大きいのである。そのような家庭に対して効果的な支援を展開するためには、的確なアセスメントが不可欠となる。的確なアセスメントとそれに基づいた支援計画を地域に提起することは、児家センに大きく期待されるところである。

　アセスメントにおいては、その問題の発生要因をさまざまな情報から課題を焦点化していくこととなる。支援者はその専門性から問題の様々な発生要因を想定できるが、いま直面するそのケースはどうなのか、事実から客観的に判断していかなければならない。生育歴や子ども自身の現状はどうか？　知的課題の有無はないか？　その子どもの家族状況はどうか？　家族の生活する環境は？　地域との繋がりは？　など、そうした内容を丁寧に把握していきたい。その結果の総合的判断によって、支援の目標が導き出されることとなる（Plan）。特に、児童虐待などの問題と向き合う場合、児童の身体的、知的・情緒的発達の現状や、生活する住環境の状況、保護者の成育歴などの把握は、深刻度及び緊急性を判断する上で非常に重要である。また昨今の状況から、広汎性発達障害が疑われる子どもへの支援が増加することも想定されるが、主訴となる問題行動がどのくらい続くのか（How long）やその頻度（How many）、またそれに対して保護者等がどのように対応しているのか（How to）などを丁寧に確認し、主訴とその状況を的確に把握することが大変重要となる。加えて、自身の身体・生命上の危険や他者への危害状況といった自傷他害の有無についても把握しなければならない。

　子ども家庭の問題が複雑多様化している今日、そのニーズに応えていくためには、それらに対応した情報把握とその分析が必要となる。従来の"5W1H"から一歩踏み込んだ、"5W3H"を意識したい。この場合、メールによる相談対応は十分なアセスメントが行えないことが想定できることから、慎重にならざる

を得ない。メール相談における返答・助言は一定のリスクがあることを念頭において対応する必要がある。メール相談は、支援者が直接コンタクトをとることができる窓口に繋ぐための、いわば"中継ツール"と判断するのが賢明であろう。新型コロナ感染症対策として、メール相談を活用する機会も増えることと思われるが、まずは電話相談に繋ぐことを前提として、その対応に当たりたい。

　的確なアセスメントによって見出された見立ては、効果的な支援を実践（Do）する基礎になる。何度も述べているように、児家センの支援対象は要保護性の認められるケースであり、多様な問題を抱えている子ども家庭への支援においてその活躍を期待されている。児家センが提起する支援計画は、そのまま地域での支援計画となり得る。支援計画は家族支援の視点をもって策定したい。

　支援が実践されてからは、その支援が課題改善の目標に向けて効果的であるかどうか、あるいは支援計画に基づく実践がなされているかどうか、振り返りと評価（Check）を行うことが重要である。ただ単に計画に則った支援の継続を行うだけではなく、より良い支援の継続のために、この工程を必ず設定しておきたい。ケア会議やケース検討会議等は、相談者に直接かかわる担当者が出席して、現在の支援が有効に機能しているかどうかを再確認する作業となるが、要対協などにおける連携支援ケースは、多様な機関が参加するものとなる。支援の進捗状況の確認や必要に応じた目標の再設定、支援計画の見直しなどを、それぞれの共通認識の下に進めていきたい。また、支援が有効に機能していない、あるいは新たな問題が発生した場合などは直ちに支援の見直しを行い、目標の再設定が必要になることもあるだろう。そのためにも定期的な開催が望ましく、常に支援方針にずれが生じないように心がけたい。

## 2.　関係機関との連携

　現在、市区町村における要支援・要保護児童に対する支援拠点の整備が進んでいる。2016年（平成28年）の法改正において示された「子育て世代包括支援センター」（母子健康包括支援センター）は、2020年4月1日現在、1,288のすべての市町村で実施されており（「2020年度子育て世代包括支援センター実施状況調査」厚生労働省母子保健課）、同年6月に閣議決定された「ニッポ

ン一億総活躍プラン」で示された、2020年度末（令和2年度末）までの全国展開の目標をすでに達成している。

　また、同じく2016年（平成28年）の法改正において規定された「市区町村子ども家庭総合支援拠点」（以下、「支援拠点」）についても、全国各地で設置に向けた取り組みが進められているところである。「支援拠点」の業務は、①子ども家庭支援全般に係る業務、②要支援児童及び要保護児童並びに特定妊婦等への支援業務、③関係機関との連絡調整、④その他の必要な支援（家族再構築支援や里親養育支援など）とされ、その運営については、「子育て世代包括支援センター」や要対協と一体的に進めるなど地域の実情に応じた工夫がなされている。すでに多くの児家センが、乳幼児健診や乳児家庭全戸訪問事業など「子育て世代包括支援センター」の各事業に参画していることや、要対協において高い専門性を要する支援の中心的役割を担っていることを鑑みれば、「支援拠点」にかかわっていくことも自然な流れであると言える。さらに、「支援拠点」の業務内容は児家センの業務内容そのものといえる内容であり、児家センの強みを遺憾なく発揮することができるであろう。まずは、これまで述べてきたように、4つの共通基本機能をもとに運営要綱に示された5つの事業を確実にこなしていくこと、その中で、利用者はもちろん、子ども家庭支援にかかわる関係機関や周辺領域の専門家から、高い評価と信頼を得ることが必要である。

　児家センの存在意義を認められれば、次に関係機関との有機的な連携が必要とされる。以下では、関係機関との連携の際に支援者に求められる「力」について整理する。


### （1）調整力

　関係機関との連携を行う際に欠かせないポイントは、支援者の調整力である。良い関係、有効な関係をつくることはたやすいことではなく、意識して調整を行うことによって、より良い関係がつくり出されるものである。調整力のポイントを以下にまとめる。

**①関係機関の特徴を正しく知って活用する**

　関係機関の特徴や得意分野、その機能と役割を把握しておくことで、相談内容に応じた関係機関との調整が可能になる。

②情報から判断し、機関連携の動きをイメージしながら計画を立てていく

　連携のタイミングや目的を明らかにして、共通認識をつくりながら役割を果たせるようにしていく。

③関係機関との間で支援課題を挙げて、誰がどの役割を担うかを決める

　役割分担を明確にして、支援の内容が有効になるように協力関係をつくる。

④役割分担を遂行するためのシミュレーションを行う

　カンファレンスや日常的なケース連絡の際に、あらゆる事態を想定し、それらに遭遇した機関が困らないよう、具体的な動きをシミュレーションしておく。

⑤緊急でも想定内の動きで対応する準備を日常的にしておく

　最悪の事態や状況を想定し、緊急時の動きも検討しておく。

⑥お互いをねぎらうことができる関係つくりをしておく

　苦労や大変さも共有できるようなチームワークに結び付ける。

⑦適切な時期に、最も適する相談機関につなぐ

　他の相談機関につなぐ際は、一定のフォローを継続するなど、切れ目ない支援を目指す。もし、スムーズにつながらない場合は、長期に支援することが適当かどうかを見極めつつ、必要に応じて、相談機関につながり方の工夫などの助言をする。

⑧悪者を作らないように調整する

　特に、支援がうまくいかない時は、できていないことや不十分さにばかりが目について、「悪者」を探そうとしてしまうことがあるので注意する。支援者間でもストレングスの視点を持つようにする。


　(2) アセスメント力

　ケース検討会議で、時間ばかりかかり何を話し合ったらいいかわからず、とりあえずの対応しか決まらないということはないだろうか。アセスメントが的確だと、ケースをどのようにとらえるべきか、どのように対応したら良いかというケース検討がしやすくなり、支援内容も的確になる。

①的確なアセスメントのポイント

・支援に必要な情報を集める。

・支援経過や情報は意識してまとめ、支援者同士や関係機関に言葉で的確に伝える。

②的確な見立てを行い、利用者を理解する

・情報に対し自分の見立てとケース理解に対する仮説と根拠を伝え、支援方針を検討する。

③支援課題への具体的な対応や問題解決の方法を検討する

・支援内容や問題解決の方法も的確にアセスメントを行う。

・カウンセリングや心理療法の報告・アセスメントは支援課題に沿って行う。

・仮説に基づく支援方針が有効か、関係機関と共に定期的にチェックする。


### (3) 伝達力とコミュケーション力

　利用者を理解することや関係機関との調整を行う時などに必要とされる力が伝達力とコミュニケーション力である。相談者自身の問題意識や課題意識など、さまざまな気づきがあり、感度も優れていて的確であっても、この伝達力やコミュニケーション力がなければ正確に思いを伝えることができないものである。この力をもって、支援をより効果的に行えるようにすべきである。

①利用者との関係における留意点

・気持ちよく話してもらう。

・まとまっていない話を整理する。

・一方的に解決策を提案しても、実行に役立たないこともある。利用者が実行できるのかどうかについても検討すること。

②関係機関との関係における留意点

・他機関の職員と話し合う時に使う言葉の概念を共通認識や共通理解がもてるようにする。

・細目な報告や、事実に基づく理解と仮説、支援方針を言葉で伝えることを心がける。

・理解の違いは見守りの重層化（多くの視点）ととらえ、活用していく。

・各関係機関が理解・判断したことについては互いにフィードバックし、問題意識や課題点についての詳細な共有を図る。

・様々な機関からの報告は、お互いに「見ようとしている物しか見えない」ものとして冷静に整理すること。

## 3. より質の高い専門性と運営基盤のために
### ——開設から運営、記録の方法（ケースの記録、統計処理、実績報告書）

前述でまとめられた相談支援の実際や留意点、関係機関との連携への取組みが実績に与える影響は大きなものがある。児家センのより良いあり方を目指すためには、相談支援の技術を習得するだけではなく、その基盤となる運営方法を確立させることが必要である。

ここでは、児家センの開設から運営基盤を確立させるために必要な内容をまとめていきたい。運営基盤をしっかりと整えることは、取りも直さず、より質の高い専門性を確立させるための基礎をつくることにつながることを期待する。

### （1）児童家庭支援センターの開設準備

現在、児家センを設置運営しているのは、児童養護施設や乳児院、母子生活支援施設等を設置運営する社会福祉法人やNPO法人、財団法人、医療法人などである。

児家センの設置及び開設の動きは、厚労省より「児童家庭支援センター設置運営要綱」が示され、その事業を自治体が採択するかどうかから始まる。それは、例えば児童養護施設に児家センを設置したいと要望しても、自治体が児家センを設置すべく予算を組まない限り児家センの事業開始を実現することは難しいということになる。

時折、「児家センは、どのように開設の準備を進めればよいですか？」という問い合わせを受けることがある。その時に必ず説明するのが前述の内容である。開設の動機や希望はさまざまであろうが、運営要綱を読んだ時に何をイメージするのだろうか。何のために開設をしようとするのだろうか。などの問いかけが必要である。

第1章で運営要綱の変遷を読まれたように、児家センの基本的なあり方は変わっていない。基本的な動機は、「地域の一般家庭からの相談を受け付け、諸般の問題の支援にあたる」ことを意図していなければ、設立の趣旨そのものを見直すべきであろう。

設立の動機や目的が定まれば、自治体との交渉が先に来る。設立を願っても自治体にその計画がなければ、実現は不可能である。そのため、設立を計画す

るならば、自治体を動かすほどの熱意と計画が必要になる。まず自分が所在している地域を良く知ることが必要である。地域の特性や独自性を生かせる計画を立て、自治体に提案準備をすることで、その説得力が増す。

　自治体を動かすために必要なことは、国の動向である。厚生労働省は、児家センを増やして有効に活用できるように方針を立てている。それは、「新しい社会的養育ビジョン」*3 でも示されている。このビジョンの全体像を理解しながら開設の準備を進めることが重要である。


### (2) 運営の基盤つくり

　児家センの事業が始まると、その運営を軌道に乗せるべく地道な積み重ねが始まる。児家センの運営は、運営要綱に基づいて行われるが、本体施設との関係や地域性によってさまざまな展開がなされている。ここでは、児家セン事業を展開するための職員配置及び事業の基本的な内容について整理する。

#### ①児家センの職員配置

　運営要綱によると児家センの職員配置は、相談員2名と心理士（常勤もしくは非常勤）1名となっている。センター長は、本体施設の施設長が兼ねることもできる。本体施設からの給与支給ができるので、児家センの職員配置は3名が基本となるが、センター長を含めて4名とすることができる。もちろん、3名の職員配置でセンター長を配置することも可能である。

#### ②法人の事業による取組み

　本体となる施設は、乳児院や児童養護施設、母子生活支援施設、NPO法人などがあるが、法人によっては、併設している施設もある。例えば、本体は児童養護施設であるが、併設している乳児院との連携で里親支援に力を入れている児家センがある。本体を母子生活支援施設とし、併設の児童養護施設との連携で地域支援を展開するなど、法人や地域によってその特色が出てくる。

　しかし、どのような展開をしようとも運営要綱に記された事業を行うことが基本となり、施設や地域の特性を生かしながら事業を展開する方法が採られている。

　里親支援を活発に展開する児家センもあるし、派遣訪問型で相談を受け付けて地域支援を展開している児家センもある。また、「児童家庭支援センターの役割と機能のあり方に関する研究」*4 では、児家センが所在する地域の人口を

もとに、児家センが提供すべき支援モデルを、3つの区分に分けて示している。つまり、自分の児家センの強みや弱みを意識しつつ、地域に必要とされる児家センのあり方を追求しながら事業展開が図られているということである。

　ちなみに、新たに開設された児家センにおいては、事業開始と共に地域の関係機関や学校、保健所や保健センター、支援拠点などからの認知度を高めるためにPR活動が行われることになろう。開設から3年ほどは、地域に密着したPR活動を展開したい。認知度は、今日の明日にとすぐに高まるものではなく、地道な活動の結果として、その存在が認知されていくようになるのである。

### ③開業時間について

　児家センは、原則的には「365日、24時間」相談を受け付ける体制が求められている。職員配置が限られているので、その体制を整えることは容易ではないが、365日の開業は必須の条件となる。また、夜間の相談受付の件数は多くはないものの、24時間いつでも相談を受け付ける体制を整える必要がある。具体的な夜間の相談受付は、携帯電話に転送されるシステムで電話相談を夜間でも受け付けたり、本体施設の職員が相談を受け付ける体制を整えたりすることが必要となる。

　訪問相談や派遣による職員の不在時なども、電話相談を受け付ける体制が必要となる。本体施設との連携が十分とれている児家センは、本体施設の協力を得て相談を受け付ける体制を整えることが可能となるので、児家センの運営面からも連携を強化することが望まれる。

　開業時間と相談受付は常に連動した流れとなるので、さまざまな方法を工夫して体制を整えて欲しい。

### ④児家センの設備について

　運営要綱では、児家センに必要な設備は、相談室、プレイルーム、事務室、その他必要な設備、となっている。それらの設備の必要性や活用について以下にまとめる。

＊相談室は、来訪した相談者との面接に必要な設備となる。

＊プレイルームは、来訪した相談者が子どもと共に来た場合に相談員等が世話をする場所として必要となる。また、プレイセラピーを行うなど、心理士が心理的な対応をする時に必要な設備となる。活用方法としては、ペアレント・トレーニングのプログラムを実施する際に使用する方法、里親支援のためにサロ

ンを開催する方法、児家セン主催のセミナーを開催する方法など、応用の利かせられるこの設備・スペースが必要となる。

＊事務室は、主に電話相談を受け付けられるように整備することが必要である。活用方法は、この設備を活用して会議を行うこともできる。パソコンを整備すれば、記録を作成スペースともなるし、記録関係書類を補完する設備ともなる。児家センの運営の中枢機能をここで賄うようにすることが必要となる。

＊その他必要な設備は、一時保護やショートステイの専用スペースを確保すること。

### ⑤一時保護やショートステイへの対応について

　ショートステイは、親の都合で一時的に子どもを預かる事業となっており、市町村が子どもを預かるスペースや人員がある施設などと契約を交わして行う事業である。

　児家センは、市町村との連携を取りながら相談を受け付けている。そのため、本体施設がショートステイ事業などの契約を結んでいるところは、児家センが受付窓口になることができる。児家センがショートステイの専用スペースを整備して子どもを預かることもできるが、スペースの確保と人員配置が必要となる。ショートステイの依頼が常時多い場合には、その対応を行うセンターもあるが、一度に預かる子どもに制限を加えないと対応ができないという本体施設もある。ある児童養護施設では、一時保護所（6名定員）の体制が整備され、一時保護棟でショートステイの子どもを預かるという方法で対応しているところもある。

　一時保護は、児童相談所が委託措置を行うものであり、施設や里親、病院などに委託されている。つまり、児童相談所がケースとして相談を受理して行われる。ショートステイを利用する家庭のうち、要保護性が高い家庭や経済的に余裕がない家庭の場合は、ショートステイから一時保護に変わることもあり、市町村と児童相談所との連携を密に行うことが必要となる。児家センはその調整役を行うことができる機能を持っている。地域支援の中でも困った時や、もしもの時に頼れる存在となることのできる方法である。

### ⑥指導委託について

　指導委託は、運営要綱の事業内容（3）「都道府県又は児童相談所からの受託による指導」に該当する内容である。児童相談所運営指針では、「児童相談所

長は、施設入所までは要しないが、要保護性がある又は施設を退所後間もない
など、継続的な指導措置が必要とされる子ども及び家庭であって、法第26条
第1項第2号、第27条第1項第2号による指導が必要と認められ、地理的条
件や過去の相談経緯、その他の理由により児童家庭支援センターによる指導が
適当と考えられるものについては、指導措置を積極的に行う。」と記されており、
「2号措置」とも言われている。

この指導委託は、委託されれば10万円程度（毎月）の委託費を受け取るこ
とができるようになっている。児童相談所からの委託なので、支援計画を立て
て、定期的に支援の状況報告を行い、児童相談所の助言を得るなどの連携も必
要となる。指導委託の数が増えれば、児童相談所からの信頼や期待又は連携状
況のバロメーターともなる。児家センの専門性が問われる面もある。

### （3）児家センに必要な記録の整備

児家センにおける記録は、相談を受け付け、一つひとつ丁寧に記録するとこ
ろから始まる。相談や支援に関する記録はケースの管理はもとより、日頃の支
援の振り返りやカンファレンス等の資料としての活用など、専門性の確保にも
不可欠なものである。さらに、児家センの運営費補助金は、実績に応じた基準
額補助方式が導入されている。実績の根拠となる相談・支援実績の統計処理を
正確に行う上でも、必要な記録を整備しておくことは重要となる。以下に児家
センの運営と実績報告に欠かせない記録類をまとめる。

### 〈記録の種類〉

#### ①受付簿

新規、継続にかかわらず全ての相談受付を記録し、統計処理に活用する。相
談を受け付けた場合の記録は、1件のカウントをしていくことになる。後に実
績報告書の項目に合わせて整理していくことになるので、電話、来所、訪問な
どの相談形態や、相談経路、相談種別などを把握できるようまとめておくこと
が必要となる。

#### ②相談受付票

電話、来所、訪問、メール相談共通書式であり、新規受付時に記すもの。主
訴の内容を要約して記す。継続になった場合は、個人ファイルを作成し、以下

の③経過記録、④家族構成票、⑤アセスメント票、⑥支援計画票を整備する。

### ③経過記録

　相談や支援の経過の詳細を記入するもの。5W3H に留意しながら、時間の経過と変化の様子が、第三者でも理解できるような記述を心がける。

### ④家族構成票

　対象となる子どもや家族の生年月日や勤務先、保育や教育の状況、養育の様子など子どもと家族に関する情報をまとめたもの。

### ⑤アセスメント票

　対象となる子どもや家族に関するアセスメントに活用する。各地域や連携機関との間で共通のアセスメントシートがある場合はそれを優先し活用する。

### ⑥支援計画票

　ジェノグラムやエコマップなどを活用し、具体的な支援計画を作成し記録する。必要に応じて他機関との会議等でも活用する。再アセスメントを行った場合には、新たな支援計画を立てることになるので注意する。

### ⑦指導委託の記録

　児童相談所からの指導委託を受託した場合には、児童相談所に「指導計画書」や「指導報告書」の提出、および定期的な状況報告が必要となる。児童相談所の指示に従って適宜対応できるよう、記録の整備に努めること。また、実績報告にむけて、実人数を記録していくことはもちろんのことであるが、月単位でどれくらい対応をしているのかを記録しておくとよい。さらに、対応延べ数を月別カウントや、対応した内容についての記録も必要となる。

### ⑧その他

　実績報告書を基本に考えると、「市町村の求めに応ずる事業」「里親への支援」「関係機関との連携・連絡調整」などの内容や回数をまとめることになる。それぞれに、5W3H を意識した記録を残すようにしておきたい。


### （4）児家センの実績報告書

　2020 年 11 月から厚生労働省の担当課と全国児童家庭支援センター協議会の橋本会長の調整で児家センの実績報告書に関する協議を行い、以下に示す様式が整えられた。主な改定内容は、相談支援の内容であり訪問相談は自治体に報告する際には延件数を 2 倍にすることになったこと。そして、コロナウイルス

感染防止対策で新たに Web を活用してのオンライン面接を行って受け付けた相談を件数に計上することができるという内容を加えたことである。

　今後、実績報告書については、児家センが作成した様式に合わせて作成するよう、厚生労働省から自治体に通知をして頂くことも検討されている。自治体に報告する実績報告書と全国児童家庭支援センター協議会に提出する実績報告書の様式が異なり、2回の集計作業を行っている現状について、事務的な手間はできるだけ省きたいという要望を出したことへの対応である。

## まとめ

　第3部では、児家センの基本的なあり方や事業の展開に関する基礎的なところをまとめた。基礎をしっかりと固められれば、次は応用である。全国に存在する児家センは、実に様々な地域性や独自性が見られる。地域に密着し地域に必要とされる児家センがあるために、その存在意義も認められ有効性も認められるようになる。児家センの専門性を高めるため、全国的な実践の積み重ねと情報共有も必要である。さらに柔軟な対応や応用ができるようになると、児家センの今後の可能性は大きく広がっていくことになるだろう。

　児童家庭支援センター協議会の実績報告書の書式及び記入要領を次頁にまとめる。

〔注〕
＊1　「児童家庭支援センター運営ハンドブック 改定3版」, 全国児童家庭支援センター協議会（2017）
＊2　「児童家庭支援センターのあり方に関する研究事業報告書」, 全国児童家庭支援センター協議会（2008）
＊3　「新しい社会的養育ビジョン」, 新たな社会的養育の在り方に関する検討会（2017）
＊4　子どもの虹情報研修センター平成28年度報告書「児童家庭支援センターの役割と機能のあり方に関する研究」, 研究代表者川並利治（2018）

## 令和　　年度　児童家庭支援センター運営事業実績報告書

県名：　　　　　　　　　　センター名：

## A、相談件数（個別相談・指導）　　※設置運営要綱4－(1)(4)の一部等に該当
## 1、個別相談
### (1)月別相談実人数

| | 4月 | 5月 | 6月 | 7月 | 8月 | 9月 | 10月 | 11月 | 12月 | 1月 | 2月 | 3月 | 合計 | |
|---|---|---|---|---|---|---|---|---|---|---|---|---|---|---|
| 新規受理人数 | | | | | | | | | | | | | 0 | ① |
| 継続相談人数 | | | | | | | | | | | | | 0 | |
| 月別相談実人数 | 0 | 0 | 0 | 0 | 0 | 0 | 0 | 0 | 0 | 0 | 0 | 0 | | |

<※月別相談実人数①は相談を受け付けた方の実人数>

### (2)月別相談延件数

| | 4月 | 5月 | 6月 | 7月 | 8月 | 9月 | 10月 | 11月 | 12月 | 1月 | 2月 | 3月 | 合計 | |
|---|---|---|---|---|---|---|---|---|---|---|---|---|---|---|
| 電話相談 | | | | | | | | | | | | | 0 | |
| 来所相談 | | | | | | | | | | | | | 0 | |
| 訪問相談 | | | | | | | | | | | | | 0 | |
| 心理療法等 | | | | | | | | | | | | | 0 | |
| メール相談 | | | | | | | | | | | | | 0 | |
| 手紙相談 | | | | | | | | | | | | | 0 | |
| その他(　　) | | | | | | | | | | | | | 0 | |
| 月別延件数 | 0 | 0 | 0 | 0 | 0 | 0 | 0 | 0 | 0 | 0 | 0 | 0 | 0 | ② |

<※月別相談延件数は、実際に支援を行った回数のこと>

### (3)相談・指導内容の種別延件数　　※(再)は再掲

| 養　護 | | 保　健 | 障　害 | 非　行 | 育　成 | | | | いじめ | DV | その他 | 合計 | |
|---|---|---|---|---|---|---|---|---|---|---|---|---|---|
| | 虐待(再) | | | | 性格行動 | 不登校 | 適性 | しつけ | | | | | |
| | | | | | | | | | | | | 0 | ③ |

<※月別相談延べ件数②と③と④は同数>

### (4)相談経路別受付延件数

| 県・市町村 | | | 児童福祉施設 | | 保健所及び医療機関 | 学校等 | 家族親戚 | 近隣知人 | 児童本人 | 18歳以上本人 | 里親里子 | その他 | 合計 | |
|---|---|---|---|---|---|---|---|---|---|---|---|---|---|---|
| 児童相談所 | 福祉事務所 | その他 | 保育所 | その他 | | | | | | | | | | |
| | | | | | | | | | | | | | 0 | ④ |

<※月別相談延べ件数②と④は同数>

## B、児童相談所からの委託による指導　　※設置運営要綱4－(3)に該当

< 対応延べ数 >

| 4月 | 5月 | 6月 | 7月 | 8月 | 9月 | 10月 | 11月 | 12月 | 1月 | 2月 | 3月 | 合計 | |
|---|---|---|---|---|---|---|---|---|---|---|---|---|---|---|
| | | | | | | | | | | | | 0 | ⑤ |

⑥　| 実人数 | | 人 |　<※委託を受けた人数>

< 指導内容の種別 >

| 養　護 | | 保　健 | 障　害 | 非　行 | 育　成 | | | | いじめ | その他 | 合計 | |
|---|---|---|---|---|---|---|---|---|---|---|---|---|---|
| | 虐待(再) | | | | 性格行動 | 不登校 | 適性 | しつけ | | | | |
| | | | | | | | | | | | | ⑦ |

## C、市町村の求めに応ずる事業

※設置運営要綱4－（2）に該当

| 事　業　名 | 実施回数 | 内　　容 |
|---|---|---|
| | | |
| | | |
| | | |
| | | |
| 合計 | 回⑧ | |

## D、里親等への支援 （相談対応「実績報告A-1、個別相談」以外の支援・事業等）

※設置運営要綱4－（4）に該当

| 事　業　名 | 実施回数 | 内　　容 |
|---|---|---|
| | | |
| | | |
| | | |
| | | |
| 合計 | 回⑨ | |

## E、関係機関等との連携・連絡調整

※設置運営要綱4－（5）に該当

| 事　業　名 | 実施回数 | 内　　容 |
|---|---|---|
| | | |
| | | |
| | | |
| | | |
| 合計 | 回⑩ | |

## 令和　　年度分　全国児童家庭支援センター運営事業実績報告　集計表

| 都道府県名 | | |
|---|---|---|
| センター名 | | |
| ① | 相談の実人数（合計） | 人 |
| ②の内訳 | 電話相談件数 | 件 |
| | 来所相談件数 | 件 |
| | 訪問相談件数 | 件 |
| | 心理療法等の件数 | 件 |
| | メール相談の件数 | 件 |
| | 手紙相談の件数 | 件 |
| | その他の相談の件数 | 件 |
| ② | 相談延件数（合計） | 0 件 |

| ⑥ | 児相からの指導委託人数 | 人 |
|---|---|---|

| ⑧ | 市町村の求めに応ずる事業 | 回 |
|---|---|---|
| ⑨ | 「里親等への支援」（相談対応以外の支援・事業等）の回数 | 回 |
| ⑩ | 「関係機関等との連携・連絡調整」の回数 | 回 |
| ⑪ | 要綱に規定された事業回数（合計） | 0 回 |

| ⑫ | 相談延件数と要綱に規定された事業回数の総合計（②＋⑪） | 0 件・回 |
|---|---|---|

| ②－1 | 厚労省が求める訪問相談件数（実績を2倍した件数を記入） | 0 件 |
|---|---|---|

| ⑬ | 厚労省が求める相談延件数と事業回数の総合計<br>（訪問相談件数を2倍にした相談延件数と事業回数の総合計を記入） | 0 件・回 |
|---|---|---|

# 児童家庭支援センター運営事業実績報告記入要領（2021年改定版）

2016年度（平成28年度）に「児童家庭支援センター運営事業に関する基準額」が導入されました。それにより、相談件数のカウント方法を統一しなければならなくなりました。以下に、記入要領をまとめます。要領に従って算出される件数及び回数が運営事業補助基準額の件数区分の根拠となります。2021年の改定では、訪問相談件数を2倍にして自治体に報告する内容も反映させました。

## ＜基本な考え方＞
①原則として、他で補助金収入がある事業等については、相談件数としてカウントしないことを徹底します。
②児童家庭支援センター事業内容の標準化を推進するために、相談支援の件数と事業への取り組み回数を分類します。
③本来の基本業務である相談支援の延べ件数が伸びていくようにしていきます。
④本体施設を兼務する職員（センター長を含む）がいる場合、センターで行う相談支援以外の活動内容及び支援内容は相談件数としてカウントしないことを徹底します。

## ＜その他の用語の定義＞
※「人数と件数」については、相談者人数を特定するのに「人数」を使い、延件数を特定するのに「件数」を使う。
※「相談」とは、ケース記録に残す内容を受け付けたもの。
※「支援」とは、相談受付から電話や訪問、来所、面接や心理等で具体的に対応したもの。
※「回数」とは、相談支援以外の事業への取り組みの回数とする。

この実績報告は、まず内訳表で月別のデータを集計し、全国児童家庭支援センター運営事業実績報告書に記入してください。
厚生労働省に提出する実績は、全国運営事業費実績様式の数字をまとめて一覧にして提出します。

## ＜全国実績報告書様式1＞

表示①〜は、取り決め事項及びポイント。　　※の表示はQ＆Aでも説明する箇所

| 項　目 | 用語の定義 | 受付形態・集計上等の取り決め事項・ポイント |
|---|---|---|
| A、相談件数 | ＊設置運営要綱4－(1)に該当 | |
| 1,個別相談 | | |
| (1) 月別相談実人数 | | ※実績報告書の様式1-①に該当 |
| 月別相談実人数 | 実際に相談を受け付けた実人数<br>1ケースは1人の子ども。<br>個人ケース記録の数に対応 | ①各欄に新規受理人数と継続相談人数を分けて実際に受け付けた実人数を記入する。<br>②4月は前年度からの継続ケースであっても、実人数で新規受理人数に計上する。<br>③ケース（子ども）が同一と判断された場合、同一年度内は継続で扱う。 |
| 新規受理人数 | 年度が変わり初めて相談を受け付けた実人数のこと。<br>※センターで受け付ける相談の内容は、原則的に子どもや家庭に関する相談である。 | ①件数という表現を用いず、新規で相談を受け付けた人数として計上する。<br>②同一児童及び家庭に関する相談が複数機関から寄せられた場合は、最初に受け付けた相談で新規実人数を一件とし、以降の相談は延件数で計上する。つまり、月毎に新規受理として扱わない。（新規受理人数とは、相談を受け付けた実際の人数である。）<br>③匿名の相談はその都度新規に計上する。同一児童であることが特定できる場合は、継続相談と判断する。<br>※兄弟・姉妹がいる家庭の、実人数の計上例<br>「兄弟が複数おり、その兄弟たちの安否確認のため家庭訪問を行った」場合、安否確認を必要とする兄弟全てが支援対象者となるため、その児童数で計上する。<br>※「兄弟が複数いる家庭から、長男の不登校について相談を受けた」場合、相談支援対象者は長男となるため、実人数は「1」として計上する。<br>④該当年度に新規に利用された人数と該当年度以前に利用履歴はあるが、該当年度の利用が初回の場合には実人数「1」を計上する。<br>⑤大人個人の相談受付は、その方のみを1人及び1件として扱うようにする。 |
| (2) 月別相談延件数 | | ※対応の延べ数（対応した回数である）を計上する。※実績報告書の様式1-②に該当 |
| 月別相談延件数 | 相談支援対応数の総数<br>対応、支援の総数<br>※実際に支援を行った回数のこと。 | ①一人のケースに対して電話、来所、訪問、心理、メール、手紙など複数の対応を行った場合に計上する。<br>②件数で計上する。一つの家庭への対応が複数児童の支援となる場合、延件数も同様に各児童への支援回数として計上する。<br>③親のみの相談受け付けでも子どもの相談がある場合には1件とする。<br>④ショートステイ、一時保護は、センター職員がインテーク支援として対応した回数を計上する。<br>⑤里親支援専門相談員が行う里親支援は相談件数に計上しない。<br>⑥相談が終結するのは、問題が解決したと判断されるときとする。それ以降の相談は、新規として扱うが、同一ケースの場合、年度内は継続ケースとして扱う。<br>⑦一人の人に対し複数の対応を行った場合はそれぞれ1件ずつ計上する。<br>※例えば、3人の子を持つ親のみの面接をした場合、子どもの話が3人に及んだ時は、3件となる（ケース記録に記録できることを前提とする）。<br>※例えば、一人の子どもに対し親へのカウンセリング、子どもへのセラピー等行った場合、延べ数にてそれぞれ計上する。（実人数1、延べ数2となる） |

| 項　目 | 用語の定義 | 受付形態・集計上等の取り決め事項・ポイント |
|---|---|---|
| 電話相談 | 電話により相談を受付けたもの<br>電話により支援を行ったもの<br>※電話相談の内容は、個別相談、関係機関からの照会及び情報提供、ケースのマネジメントに関する関連機関からの相談及び情報交換（ケースに関する情報交換や支援方針のすり合わせ等）である。<br>※Webでのオンライン相談を加える | ①電話における相談内容に応じて件数を計上する（話を聞いたケースの数）。<br>②ケース記録に記録できる内容があるものを延べ件数として計上する。<br>③日程調整は延べ件数として計上しない。<br>④1回の電話相談は、新規の場合は新規相談受理で1人とし、継続の場合は継続受理で回数に応じた人数をカウントする。<br>⑤件数の実績では相談内容に応じた支援件数を計上する。<br>⑥相談内容が複数のケースになる場合、延件数で個別ケースに記入できる情報として支援を行った件数を計上する。<br>⑦Webによるオンライン相談を受けた場合も受付件数に加える。 |
| 来所相談 | 来所による相談を受付けたもの<br>来所による支援を行ったもの | ①来所により相談受付、支援を行なったもの（以下の場合）につき件数計上する。<br>②突然の来所の場合（新規受理として計上する）。<br>③予約して来所する場合。<br>④関係機関がセンターに来所し、相談を受け付ける場合。 |
| 訪問相談 | 訪問によって相談を受付けたもの<br>訪問によって支援を行ったもの | ①訪問により相談受付、支援を行なった（以下の場合）ものを計上する。（家庭及び関係機関）<br>②連携機関を訪問して相談を受け付ける場合。<br>③直接家庭に訪問して相談・支援を行う場合。<br>④援助・支援計画に沿って、安否確認を含め家庭に赴いた場合。<br>⑤契約に基づく深遠で訪問先において相談を受け付ける場合。 |
| 心理療法等 | 受け付けられた相談を心理判定、セラピー、カウンセリング、コンサルテーション等により、心理士が対応したもの | ①心理療法とは、心理担当者が様々な手法で相談に応じたもの（以下の場合）を計上する。<br>②心理療法が関わる必要があり、電話で対応した場合（電話でカウンセリングをした場合等）。<br>③心理療法等が必要と判断し、心理士が支援の対応をした場合に計上する。<br>④心理職が相談を受け付ける場合は、心理療法には件数としてここに計上しない。 |
| メール相談 | 電子メールにて対応したもの | ①支援計画があり、電子メールによる相談を受け付けたもの。（受信したものに返信した場合）<br>※先方からの受信について返信したら1件とする。 |
| 手紙相談 | 手紙による対応をしたもの | ①支援計画に基づいて、手紙による相談を受け付けたもの。<br>※先方からの来信に対し返信したら1件とする。 |
| (3)相談・指導内容の種別延件数 | ※実績報告書の様式1-③に該当 | |
| | ☆相談種別は「別表1」に定める。<br>別表1に定められた分類に従って種別を分類する。<br>※この分類は、児童相談所の「相談種別」分類に基づいて作成されている。（別表1を参照のこと） | ①相談種別が2欄以上に該当する時は、主な相談のみに計上すること。<br>②虐待は養護相談にて（　）で再掲するものとする。<br>③ケース継続中に虐待として児童相談所に通告した場合、種別変更を行う。<br>④DVで子どもに関わる相談は養護（虐待）に分類、大人のみの相談はDVに分類すること。<br>⑤ショートステイ等は、あくまで児童家庭支援センター事業とは別個の事業であり、利用日数等をそのままセンター事業の実績とすることは適切でない。但し事業利用に際して、その当初に行う業務（＝申立の受理及び受入施設の確保・調整等のインテーク業務）については、1件として養護相談に計上する。 |
| (4)相談経路別受付延件数 | ※実績報告書の様式1-④に該当 | |
| | 相談経路別に延件数を計上する。経路の分類は表に従う。<br>※「児童福祉施設」は、児童福祉法第7条に定められた施設のことである。 | ①相談経路が2欄以上に該当する時は、主な相談のみに計上すること。<br>②大人からの相談で、子どもが関わらないものは「18歳以上大人」に分類。<br>③里親・里子からの相談は「里親・里子」に分類する。 |

\<全国実績報告書様式1\>

| 項　目 | 用語の定義 | 受付形態・集計上等の取り決め事項・ポイント |
|---|---|---|
| B、児童相談所からの委託による指導 | ※指導委託費補助区分　※実績報告書の様式1-⑤～⑦に該当 | |
| (1)指導委託 | 児童福祉法第27条第1項2号の規定により、児童相談所から書式・書面指導委託として認定され依頼を受けたものみとする。 | ①児童相談所より書式・書面をもって委託したものを計上する。<br>②児童福祉法第27条第1項2号の規定により、指導委託として認定され依頼を受けたもののみとする。<br>③指導委託については、Aの相談件数には計上しない。<br>④実績報告書様式1の⑤には、指導委託を受けたケースへの対応延べ数を計上し、⑥の欄には実人数を計上する。指導内容の種別は、委託内容に応じた種別を実人数で⑦に計上する。 |

\<全国実績報告書様式2\>

| 項　目 | 用語の定義 | 受付形態・集計上等の取り決め事項・ポイント |
|---|---|---|
| C、市町村の求めに応じる事業 | ＊設置運営要綱4-(2)　※実績報告書の様式2-⑧に該当 | |
| | 市町村より求められた事業にセンターが応じたものを対象とする。<br>※求められた時に技術支援及び技術協力を行ったものを対象とする。 | ①市町村の求めに応じた事業名、実施回数、内容を記すこと。<br>②例えば、「市主催事業に協力し、個別ケースへの助言及び支援についての技術的助言」などが想定される。但しこの場合直接保護者から受け付けた相談や、事後のカンファレンス等で各種相談機関から受け付けた個別ケースの相談については、別途、訪問相談等で計上する。<br>※但し、他に委託料・補助金等を受けて実施している事業については計上しない。 |

別表1
「相談種別」の分類表（児童相談所の分類）

※厚生労働省「児童相談所運営指針」より抜粋

| 養護相談（虐待） | 父又は母などの保護者の家出・失踪・死亡・離婚・入院・稼動・服役等による養育困難な児童。<br>棄児・迷子・被虐待児・被放任児・親権を喪失した親の子、後見人を持たない児童など環境問題を有する児童に関する相談。<br>養子縁組<br>児童虐待のおそれのある相談。<br>DVで子どもに関わる場合の相談。 |
|---|---|
| 保健相談 | 児童の疾患への初期対応の仕方、乳幼児初期の発達の相談。<br>低体重・虚弱児・内部機能障害・特定疾患・精神疾患等のある児童に関する相談。思春期の性に関する相談。 |
| 障害相談 | 肢体不自由相談…肢体不自由児、運動発達の遅れに関する相談。<br>視聴覚障害相談…視覚又は聴覚に機能障害をもつ児童に関する相談。<br>言語発達障害等相談…構音障害・吃音・失語など音声や言語の機能の障害、言語発達遅滞、注意欠陥障害を持つ児童の相談。<br>言葉の遅れ原因が知的障害、自閉症、しつけ問題等の相談種別に分類される場合はそれぞれのところに分類する。<br>重度心身障害相談…重症心身障害に関する相談。<br>知的障害相談…知的発達に遅れのある児童に関する相談。<br>自閉症相談…自閉症若しくは同様の症状を示す児童に関する相談。 |
| 非行相談 | 虞犯行為等相談…虚言癖、浪費癖、家出、浮浪、乱暴、性的逸脱など虞犯行為、問題行動のある児童。警察署から虞犯少年として指導のあった児童。触法行為があったと思われても警察署から通告のない児童に関する相談。<br>触法行為等相談…窃盗、恐喝等触法行為があったとして警察署から通告があった児童。犯罪少年に関して、家庭裁判所から送致のあった児童に関する相談。 |
| 育成相談 | |
|     性格行動 | 児童の人格の発達上問題となる反抗、友達と遊べない、落ち着きがない、内気、緘黙、不活発、家庭内暴力など、性格行動上の問題を有する児童に関する相談。 |
|     不登校 | 学校や幼稚園、保育園に登校（登園）できない、していない状態にある児童に関する相談。 |
|     適性 | 進学適性、職業適性、学業不振などに関する相談。 |
|     しつけ | 家庭内における幼児のしつけ、児童の性教育、遊びに関する相談。 |
| いじめ | いじめに関する相談。 |
| DV | DVに関わる相談で、大人のみの内容になる相談。 |
| その他 | 以上のいずれにも該当しない相談。<br>無言電話。情報提供等。 |

## (4) 児家センの実績報告書と作成の手引き（Q&A）

　全国児童家庭支援センター協議会は、厚生労働省との協議を経て実績報告書を定めた。2020年度に見直しを行い、再度改定を行っている。基本的な留意事項を以下に手短にまとめさせて頂くこととする。

### 1) 実績報告の意味等について

　実績報告書は、国と県からのセンター運営事業費と事業に応じた補助費に対する報告書となる。指導委託にも補助費が出るため、それに対応した書式を設けている。そのため、他から事業費が出ている事業（里親支援機関としての事業や自治体からの委託事業等）について、この報告書に記載することができない。統計の項目立ては運営要綱に沿っているので、まずは運営要綱をよく読んで頂きたい。

### 2) 統計処理の方法について

　実際の統計処理は、実績報告書の記入要領をよく読んで、内容と意味をよく理解してから統計処理を行うこと。児家センの「相談」や「事業」の対象者は誰であるかを、運営要綱から理解して計上すること。

　児家センでは、多くの相談を受け付けることになる。実際に行っている「相談支援」が、「意図のある支援」であるかを振り返り、一つひとつの件数の内容を後に説明できるように計上すること。説明のつかない件数や統計処理が行われると児家センの信頼や信用を失うおそれにもつながるので、注意すること。

### ①項目B「指導委託」について

　「指導委託」とは、運営要綱の「4 事業内容等の（3）都道府県又は児童相談所からの受託による指導」の項目に該当するものであり、「5 事業の実施」の（6）〜（8）に具体的な実施方法が記載されている。児童相談所からの指導委託は、児家センへの信頼と期待がなければ依頼もなかなか来ないという状況となる。日頃から児童相談所と密に連携を取りつつ、児家センへの信頼につながるような相談支援を展開して欲しい。

②項目 C「市町村の求めに応じる事業」について

　これは、運営要綱の「4事業内容等」の（2）市町村の求めに応ずる事業のことであり、技術的助言その他必要な援助を行った内容のことである。各児家センが、それぞれの市町村とどのような連携が図られているのかを示す項目となる。市町村からどのように頼りにされているのかが現れる項目である。さまざまな特色が出る項目であり、児家センの強みや弱みといった内容も反映されるので、創意工夫に満ちた取り組みがなされることを期待している。

③項目 D「里親等への支援」について

　これは、運営要綱の「4事業内容等」の（4）里親等への支援の内容であり、里親及びファミリーホームからの相談に応じる等、必要な支援を行った内容が求められる。「新しい社会的養育ビジョン」で里親委託が強力に推進されようとしている。児家センがその専門性を活かしつつ、里親等への支援内容を充実させたいものである。

④項目 E「関係機関との連携・連絡調整」について

　これは、運営要綱の「4事業内容等」の（5）関係機関等との連携・連絡調整の内容であり、児家センの相談支援である児童や家庭に対する支援を迅速かつ的確に行うために関係機関との連携・連絡調整をどのように行っているかを示す内容となる。児家センの相談支援に必要な関係機関と円滑な連携をつくり、連絡調整を的確に行うことが必要である。

⑤実績報告書作成上の手引き（Q&A）について

　この「実績報告書作成上の手引き（Q&A）」は、2016年度に行われた児家センの『運営ハンドブック』改定（第3版）に伴い、実績報告書の様式を改定することになった際に、思い起こせる質問事項などをまとめられたものを作成されたものである。

　2016年度以降には、実績報告書の計算方法も一部変更があり、コロナウイルス対策によっても相談の受付方法が変わってきたりしている。現在の状況の変化に合わせて再び必要な修正を加えた。

　この手引きの作成目的は、相談件数の計上方法の適正化と標準化を図り、全

国の児家センで統一的な実績報告書が作成できるようにすることであった。様式の改定に伴って、全国の児家センから頂いた質問の内容を整理してまとめ、Q&Aの形式で説明をしたものが以下の通りである。

　また今回は、厚生労働省の担当者にも内容を精査して頂き、承認を得られたものであることを付け加える。この手引きを参考に、実績報告書を作成する基本ルールと手順を把握して、相談支援の内容を深め、相談延件数そのものが増えていくように有効に活用して頂ければ幸いである。

　なお、この本の文章は「である」調で書かれているが、Q&Aに関しては、「です。ます」調で作成されているので、そのまま掲載させて頂くこととした。


## 〈実績報告書作成上の手引き（Q&A）〉

### ①実績報告の意味等について

Q1：どうして実績報告を作成するのですか？

A：実績報告書は、児童家庭支援センターの活動について厚労省への報告をするためのものです。児家センの運営費は、国と県から出ています。そのため児家センは厚労省に、国からの運営費を正しく使っていることを報告する義務があります。


Q2：この実績報告はどのように活用されますか？

A：厚労省への児家センの事業報告とともに、各児家センへの予算決定に活用されます。運営費は、平成28年より相談実績に応じた基準額補助方式が導入されました。厚労省では、「年間における、電話相談・来所相談・訪問相談・通所相談・派遣相談・心理相談・メールその他の相談の件数、市町村からの求めに応じる事業」の相談件数・回数に応じ、補助を行うこととなりました。また、指導委託に対しても補助を行うことになりました。これら運営費補助金に対する報告書です。国が定めている「児童家庭支援センター設置運営要綱」（以下、単に「運営要綱」と記します）に沿って、正確に記入をお願いします。


Q3：実績報告はなぜこの項目で構成されているのですか？

A：児童家庭支援センター設置運営要綱をご確認ください。

運営要綱の「4. 事業内容等」に児家センが実施すべき事業が書かれています。この内容に対し、国からは運営費補助金が出ています。運営要綱に定められた事業を各児家センが行っていることが分かりやすく報告するために、要綱の「4. 事業内容等」に沿った構成となっています。実績報告書への記入の前に、必ず運営要綱を読むようにしてください。

Q4：「指導委託」の報告が、別書式になっているのは何故ですか？
A：平成28年より、指導委託に対して1件につき毎月10万円程度の補助を受けることになります。指導委託のケースが何件あるか、分かりやすくするために、書式のBとなっています。なお、指導委託は独自に補助金を受けるため、書式のAには計上できません。指導委託についての報告は、「B、児童相談所からの委託による指導」にのみ記載してください。

Q5：平成27年までの書式との変更点はどこですか？　また、なぜ変更があったのですか？
A：前述の通り、平成28年から運営事業費の補助基準額が変更になりました。厚労省は、補助の対象とする事業について「電話相談・来所相談・訪問相談・心理療法・メール手紙その他による相談」の件数と、市町村からの求めに応じた事業の回数を合算したもの、としています。今回の改定作業では、訪問相談の延べ件数は2倍にして計上することが新たなルールとして加わりました。しかし、これは厚労省の補助基準額における延件数を計算する場合のみに適用されます。全国児童家庭支援センター協議会への実績報告は、従来通りの実績報告書様式に従って実績件数を集計します。実績報告書の様式では、集計表に訪問件数の2倍の延件数を記入する欄を別に設けましたので、そこには2倍の延件数を記入してください。
　相談件数と事業回数を明示できる形として、「里親等への支援」「関係機関等との連携・連絡調整」の回数も加え、この報告書を作成しました。相談件数の報告が、書式A欄、市町村の求めに応じる事業についてはCの欄で明示できるようにしています。
　また、D、Eは、運営要綱に定められている「4事業内容」の（4）里親への支援、（5）関係機関等との連携・連絡調整の中での事業を明示するための項目

です。どのように事業が定められているかは、運営要綱の「4事業内容」をお読みください。

## ②統計処理の方法について

Q6：実績報告書の記入要領に「1ケースは1人の子ども」と書かれていますが、これはどういう意味ですか？

A：児家センは、「地域の児童の福祉に関する問題」を扱う機関です。支援対象者は「児童」となります。保護者や教員・保育士等からの相談であっても、「子ども」の福祉の向上を図るために、「子どもを取り巻く人」からの相談を受けています。そのため、児家センのケースの対象は「子ども」が中心となります。

　例えば、ある子ども（Aさん）について母と担任から別に相談を受けた場合、母・担任の相談は「Aさん」のケースとして記録され、延件数に2件と計上されます。

Q7：兄弟が複数いる家庭への支援は、どのように計上すればよいですか？

A：「相談の該当児童数＝実人数」です。一家庭への支援であっても、その相談支援対象者に複数の子ども（兄弟・姉妹）が含まれる時、その児童数で計上してください。逆に、兄弟・姉妹のいる家庭であっても、相談・支援の対象者が一人であれば実人数は「1」として計上します。

　例えば、「兄弟が複数おり、その兄弟たちの安否確認のため家庭訪問を行った」場合、安否確認を必要とする兄弟全てが支援対象者となるため、その児童数で計上します。また、「兄弟が複数いる家庭から、長男の不登校について相談を受けた」場合、相談支援対象者は長男となるため、実人数は「1」となります。その支援が、誰の為に、何のために行われているかから、判断をお願いします。ケースの記録に支援内容を記入できる内容かどうかという点からも判断できます。

Q8：母子並行面接は、1件として計上するのですか？

A：上記のように、児家センの相談の単位は「子ども」であり、「相談の該当児童数」が実人数です。母子並行面接も「子どもの福祉の向上」のために行わ

れている場合、ケースは「その子ども」、面接回数が2回、として計上されます。（実人数と延件数についてはQ13を参照のこと）但し、「母が長女の相談をしている間に、次女の託児を行った」場合は、長女に対する相談支援活動ではないため、計上しません。

Q9：1人の子どもに数人のスタッフで対応した場合はどう計上しますか？
A：この場合の対応とは、2名以上のスタッフで1回の面接を行ったということでしょうか？　児家センの相談の単位は「子ども」です。「子ども」に対して、どのような支援を何回行ったかを計上するため、複数のスタッフが対応しても、相談件数は1回となります。

　逆に、一人の「子ども」への支援に対して、「子どもの面接を受けたスタッフ」「機関とカンファレンスを行ったスタッフ」「母からの養育相談を電話で受けたスタッフ」がいるような場合には、それぞれ計上します。

Q10：1日に同一人物について来所相談、電話相談など複数の相談を受けた場合、どのように処理しますか？
A：上記の通り、一人の人物への支援として、それぞれに計上します。

Q11：様式Aの1について、「新規受理人数」と「継続相談人数」の違いはなんですか？
A：「新規受理人数」とは、その年度内で新たに相談・支援を受け付けた人数のことです。継続相談人数とは、先月以前から相談・支援を受け付けている人でその月にも相談・受け付けた人数のことです。「月別相談人数」がその月に、相談・支援を受けた実際の人数となります。「新規受理人数」の合計（①）は、その年度内に相談・支援を受け付けた実際の人数を示します。

Q12：継続相談でも4月に新規受理相談として処理するのはどうしてですか？
A：この実績報告は、該当する年度の活動を報告するものだからです。「新規受理人数」によって、相談・支援を行った実際の人数を報告しています。

Q13：「実人数」と「延件数」の違いはなんですか？

A：実人数とは「相談・支援を受け付けた人数」、「延件数」とは「相談・支援を行った回数」のことです。

Q14：無言電話やいたずら電話は、電話相談に入りますか？
A：明らかにいたずら電話、と分かるものは計上しません。無言電話は計上します。無言電話を受けた支援者は話し出すのを待ちながら、相手が話しやすいように工夫をすることもあるでしょう。このような対応は「相談したい意志があっても話すことに抵抗がある」と考えた上で話すことを支援していると言えます。よって、計上可能と考えられます。

Q15：相談のキャンセルの電話は、相談件数にしますか？　突然の相談のキャンセルがあった時は、カウントしますか？
　A：どちらもカウントしません。キャンセルの電話は、相手からの連絡です。ただし、「来所できなくなったので、電話相談をしたい」といった変更はあるでしょう。その際は、「電話相談」で計上となります。計上するものは「実際に相談・支援を行った」場合です。

Q16：電話や家庭訪問で不在だった場合は、件数となりますか？
A：その電話や家庭訪問の意図にもよります。
　安否確認が必要な家庭に訪問したが留守だった場合、その時の洗濯物の有無・電気が点いているか・車や自転車の有無などを確認し、安否の判断をするかと思います。この場合は、留守であった、という情報自体が有用となり、「意図・目的に沿った家庭訪問」をしたと言えるため、件数として計上します。
　訪問による相談・約束した時間に電話をかけての相談となる場合、「相談を受ける」ことが支援の意図であり内容となります。この意図は実行できなかったため「キャンセル」とし、計上しません。

Q17：児家センの方から電話をした場合は、相談電話になりますか？
A：その電話は、なぜしたのでしょうか？
　それが、「相談・支援」としての対応であれば、計上してください。次回の相談の日程調整などであれば、計上しません。

Q18：関係機関からの電話は、電話相談になりますか？　また、関係機関との
CC（ケースカンファレンス）などは、どのように処理されますか？

A：こちらも内容によります。要対協の日程調整などであれば、相談支援活動
ではないため計上しません。しかし、関係機関からケースの支援方針や支援計
画に基づいて、ケースについての情報提供・経過の報告・ケースについての相
談は、「関係機関からの相談」として電話相談に計上します。

　関係機関とのCCについては、機関に出向く際は「訪問相談」・機関が児家
センに来た場合は「来所相談」に計上します。

　要綱には、関係機関等との連携・連絡調整（1目的、4事業内容の（5））が
記載されています。この連携の中で、「子ども」と「家庭」が対象であり「相
談ケースとして記録でき、支援計画が立てられるもの」を、「相談・支援」と
して計上します。

Q19：心理士が行った面接は、「来所相談」と「心理療法」のどちらになりま
すか？

A：心理士の業務は一般的に、①査定（心理状態の観察・分析）、②面接援助（心
理相談による助言・指導）、③地域の人的援助システムのコーディネーティン
グやコンサルテーション（関係者との心理相談による助言・指導）などがあり
ます。心理士として行った業務は「心理療法」となります。これは、「来所相談」
に限らず、CCなどでコンサルテーション等を行った場合も同様です。なお、
本体施設心理士で対応が難しい場合、児家センの心理士が施設から依頼を受け
て、施設に入所している子どもの心理療法・心理的支援を行った場合や心理判
定を行った場合なども計上することは可能です。

Q20：メール相談は、どのタイミングで1件と取りますか？　また、Webな
どを利用してオンラインで相談を受け付けた場合などの扱いはどのようになり
ますか？

A：「相談」とは「問題解決のための話し合い」（大辞泉）のことです。相談メー
ルが送られてきただけでは、「話し合い」にはなりません。「合い」になるに
は、返答が必要です。メール相談は「返信」した時点で一件、として計上して
ください。

2020年度は、新型コロナウイルス感染防止対策によって、Webを利用してオンライン会議などが開催されるようになりました。会議などの話し合いでは相談受付となりませんが、オンラインでの面接相談を受け付ける場合などは「電話相談」の範疇で件数をカウントすることができます。

Q21：途中で相談種別や相談経路が変わった場合は、どうすればよいのですか？
A：相談種別及び相談経路については、今回の改定で実人数でなく延件数を計上することになりました。即ち、月別相談延件数の数と相談種別延件数と相談経路別受付延件数の数が一致することになります。相談を受けた際に、実態として初回相談の際の相談種別や相談経路と継続相談で受け付ける相談種別と相談経路が変わることもあります。その際には、その都度相談種別や相談経路ごとの該当種別及び経路に合わせて延べ件数として計上してください。

Q22：虐待の「再掲」とはなんですか？
A：再掲とは「以前に掲示・掲載したものを、もう一度示すこと」です。ここでは、全「養護相談」の中で、「虐待」ケースが何件あるかを記入します「虐待（再掲）」の件数は既に「養護相談」の件数に含まれているため、「相談種別」の合計数には反映されません。

Q23：相談を受け付けましたが、「相談経路」のどのように分類されるのでしょうか？
A：記入要領の「相談経路別受付数」をお読みください。
　『市町村・福祉事務所」の定義や範囲については、各市町村で異なる』とありますが、市町村の組織図等に記載されていますので、市町村にお問い合わせください。
　「児童福祉施設」は、児童福祉法第7条に定められた施設のことである』とありますので、児童福祉法をご覧ください。

Q24：当児家センでは、自主事業として「ひろば事業（任意の名称です）」を行っています。この場合、参加者の人数は計上してよいのでしょうか？
A：「ひろば事業」は「相談」…つまり「個別の問題解決のための話し合い」

の場ではありません。参加者の人数は計上しません。

　ただし、「ひろば事業」に来られた方が、その中でスタッフに個別に相談を
してきた場合は、「相談」として受理され計上されます。


Q25：ショートステイはどう計上しますか？
A：子育て短期利用事業（ショートステイ・トワイライトステイ）や一時保護
は、あくまで児家センの事業とは別個の事業であり、利用日数をそのままセン
ター事業の実績とすることは適切ではありません。但し事業利用に際して、そ
の当初に行うインテーク支援（＝「○月○日から○日まで、出張で子どもを養
育できないので、どこかで預かって欲しい」という保護者からの利用申込の受
理及び児童のニーズに応じた受入施設の調整・確保などのインテーク段階にお
ける支援）を、児家センが行った場合については、インテーク支援実施の都度、
1件として養護相談に計上することとします。（実績報告書様式1の個別計上
欄を削除しましたが、相談件数としての計上は引き続き行ってください。）


Q26：要保護児童対策地域協議会（以下、「要対協」と記します）に参加して、
直接支援をしていないケースについて意見や助言をしました。相談として計上
できますか？
　また、計上する際にはどこに分類されますか？
A：計上することは可能です。要対協なので、機関を「訪問」したと考えられ
ますので、「訪問相談」に計上します。要綱（1目的）に「地域の児童の福祉
に関する各般の問題につき、児童に関する家庭その他からの相談のうち、（中略）、
必要な助言を行う」と定められていることから、要対協という機関に対して必
要な助言を行った、と言えるからです。要対協との連携・調整については、「(6)
項目E「関係機関との連携・調整」のQ＆Aも参照してください。
　これは、要対協以外の組織・機関に対しても同様です。要対協以外のカン
ファレンスにおいても児家センとして参加し助言等をした際には、「個別相談」
として計上することは可能です。（機関に訪問した場合は「訪問相談」、児家セ
ンに他機関が集まった場合は「来所相談」になります。分類は、形態に応じて
計上してください。）

Q27：終結したケースが、再開しました。新規ケースとして計上しますか？相談種別が変わったら、新規ケースとして上げ直すのでしょうか？

A：年度内は、継続相談として取り扱います。これは、「年度内に相談を受け付けた実際の人数」を報告するため、同一人物は再開しても新規ケースとして計上しません。

### ③項目B「指導委託」について

Q28：指導委託とされるのはどのようなケースですか？

A：児童相談所から「指導委託」として書面で通知のあったものです。書面がなく、児相からの紹介や児相と連携を行っているケースは、他の相談と同じように処理してください。どのようなものが指導委託となるかは、運営要綱4の（3）をお読みください。

Q29：指導委託の件数は、どのように実績報告書様式1に計上するのですか？

A：指導委託は相談として受けるのではなく、指導委託の件数を項目Bに記載することになります。従って、A、相談件数では計上できません。

　実績報告書1の項目で「B、児童相談所からの委託による指導」のところに計上してください。具体的には実績報告書様式1の⑤には、指導委託を受けたケースへの対応延べ数を計上し、同様式⑥には実人数を計上します。さらに相談内容の種別は、委託内容に応じた種別を実人数で同様式⑦に計上します。

### ④項目C「市町村の求めに応じる事業」について

Q30：市町村の求めに応じる事業とはなんですか？

A：運営要綱4の（2）に「市町村の求めに応じ、技術的助言その他必要な援助を行う」と定められています。市町村主催の乳幼児健診事業への協力や個別カンファレンスへの参加、個別ケースの学習会への運営協力などが「市町村の求めに応じる事業」として考えられます。求めに応じる際に、市町村との契約書がある場合とない場合が考えられますが、実態として求めに応じるものであれば対象事業とすることは可能です。

Q31：市町村から、乳幼児健診事業への協力（＝身長・体重の測定業務や保護

者への聞き取り業務への協力）依頼を受け、毎回参加し、「市町村の求めに応じる事業」に計上していますが、この健診の中で個別に受けた相談や直後の市職員等とのカンファレンスでの助言を相談件数として計上することはできますか？

　A：相談件数の「訪問相談」に計上できます。

Q32：委託料・補助金を受けて実施している事業の場合は、すべて相談件数として実人数・延件数に計上してはいけませんか？　計上できない委託料・補助金の範囲はどこまででしょうか？（例：市町村から派遣依頼の謝礼を貰っている場合などはどうなりますか？）

A：計上できるか否かは、派遣・委託の契約内容によります。そもそも委託料や補助金は、受託した業務の対価として発生するのですから、その派遣・委託契約に、相談・支援業務が含まれている場合には、児家セン運営費補助金と二重払いになる可能性があるため、計上できません。

　但し、市町村との間で、児家センの基本機能を利用した単純派遣契約に基づいて行う事業については、その際受理した相談等について、児家センの相談件数に計上することは可能です。

## ⑤項目Ｄ「里親等への支援」について

Q33：里親への支援とはどのような事業を指しますか？

A：運営要綱４の（４）には、「里親及びファミリーホームからの相談に応じる等、必要な支援を行う」と定められています。このことから、児家センの「里親支援」とは「相談活動」が基本として定められていると言えます。相談活動となり得るものとしては、里親のグループ相談などがあげられます。また、この運営要綱では「里親・ファミリーホーム」が対象として定められています。そのため、対象者が「一般市民」である里親啓発活動等は、要綱に定められた支援には含まれません。

　里親・ファミリーホームからの個別の相談は項目Ａで計上してください。事業として、里親対象のグループ相談等を行った場合は、項目Ａに実人数・相談件数を、項目Ｅに事業回数を記入します。

Q34：里親支援のための活動、サロンの開催は、記載できますか？

A：その活動の対象者が「里親・ファミリーホーム」である活動が記載できます。例えば、「里親研修や里親対象の講演会・里親トレーニング事業の実施」「里親サロン・相互交流会の開催」などは里親支援事業として項目Dに記載することは可能です。

　但し、これらは「相談支援活動」ではありませんので、項目Aへの件数の計上はできません。

Q35：里親サロンや相互交流会で里親・里子から相談を受けた場合はどうなりますか？

A：「ひろば事業」での相談受け付けと同様にお考えください。里親・里子からの相談件数としてAに計上してください。

Q36：里親支援専門相談員の活動を記載してもよいのですか？

A：里親支援専門相談員には別事業として事業費が出ているので記載できません。この実績報告書は児家センの運営事業費と補助費に対する報告となるため、それらに対応する事業についてのみ記載をしてください。但し、児家セン職員を兼務する里親支援専門相談員が、里親支援業務に該当しない一般的な相談受け付けや支援を行った場合には、相談件数として計上することは可能です。

### ⑥項目E「関係機関との連携・連絡調整」について

Q37：「関係機関との連携・連絡調整」とはどのような事業を指しますか？

A：運営要綱4の（5）「児童や家庭に対する支援を迅速かつ的確に行うため、地域機関との連絡調整を行う」に対応する項目です。これは、当該児家センが、地域での児童や家庭に対する支援を迅速に行うための連携・連絡調整を目的とした事業を指しています。地域での支援やケース運営を円滑に行うための準備としての業務、児家センの事業を的確に行うための業務などが、記載できる事業として考えられます。この4の（5）に記載されている機関との会議や要対協への参加、地域ネットワークの事務局として開催した会議等を記載します。

　実際に行われたCCは、「E、関係機関との連携・連絡調整」の項目に回数を計上します。その日時で1回行われたCCを1回として計上します。相談は

「件数」で計上しますが、機関連携・連絡調整は「回数」での計上となりますので、質と量、内容の違いがあります。従って、厳密には「ダブルカウント」という捉え方ではありません。連携・連絡調整の中で相談・支援の内容が出て、記録に記載できるものを件数として計上できるように配慮されたものです。

Q38：施設見学者に児家センについて説明をしました。この項目に記載できますか？
A：この項目は「児童や家庭に対する支援を迅速かつ的確に行うため、地域機関との連絡調整を行った」事業について報告する項目です。ケース運営上の連携を目的としない、児家センの周知活動等は、この項目には含まれません。
　また、児家セン職員が講演会や研修会に参加した場合、大学等で学生に講義をした場合、児家センの目的外の講演会や研修会に講師として参加した場合も、この実績報告では記載しないものとします。

Q39：市町村からの依頼で要対協に参加しています。Cではないのですか？
A：運営要綱上では、4の（5）に要対協が含まれています。そのため、Eに記載をしてください。なお、Eには事業回数のみを記載します。「要対協に参加し、助言等の支援活動を行った」ケースは、「相談件数」として項目Aで計上することが可能です。

⑦ C〜Eに関してその他の事項
Q40：平成27年までには、「グループワーク・集団指導」「市民啓発・地域支援事業」の項目がありました。なぜ平成28年の報告書から無くなったのですか？
A：運営事業費の補助基準額の変更がある中、より「運営要綱」に沿った実績報告書が必要となりました。そのため、運営要綱の4事業内容に則した項目を作り、運営要綱に定められていない事業については実績報告書から省いています。
　なお、「グループワーク・集団指導」は、集団の力を用いて個別の問題を取り扱う「相談支援」です。「来所相談」「心理療法」「訪問相談」など、形式と内容に合わせて計上することは可能です。

Q41：資生堂のセミナー、オレンジリボンキャンペーンはどこに記載されますか？
A：これらは「市民啓発・地域支援事業」となります。この実績報告書に記載する項目はありません。

Q42：市町村から地域の祭りへ参加協力依頼があり、そこでオレンジリボンを配りました。これは、市町村からの求めに応じる事業に記入できますか？
A：記入できません。運営要綱4の（2）をご確認ください。「市町村の求めに応じ」「技術的助言その他の援助」を行った事業をこの項目に記入します。オレンジリボンの配布は「技術的助言その他の援助」に該当しません。

Q43：自治体の町内会議に参加しました。他機関との連絡調整に記載できますか？
A：それは、「相談支援」に関わることでしょうか？　町内会等の会議は、相談支援活動には該当しないので記載できません。

Q44：施設見学や研修会への参加は記載できますか？
A：ケースに関わる「相談支援」に該当しないので記載できません。

Q45：夏祭りなどの施設のイベントでの広報は記載できますか？
A：ケースに関わる「相談支援」に該当しないので記載できません。

## ⑧その他（多くの質問の中から抜粋しました）

Q46：児家セン独自の業務を行っています。地域のニーズも多いので報告書に反映をしたいのですが、どうしたらいいですか？　そうしないと、人が集まりません。
A：この実績報告書は、厚労省が運営要綱に定めた事業に対する運営費補助金と補助費への報告を目的としたものなので、それ以外の活動については記載できません。その地域のニーズに合わせた児家セン独自の業務もまた必要な活動の一つですが、運営事業費と補助費はそれらに対して出ているのではないことを理解してください。

Q47：児家センの役割は虐待予防だと思っています。虐待予防の啓蒙・啓発活

動はどこに計上されますか？

A：虐待予防のための活動も重要ですが、運営要綱上、児家センの目的には「虐待の予防」「啓蒙・啓発活動」は定められていません。よって、原則的にこの報告書には計上できません。但し、平成28年の児童福祉法および母子保健法等の一部改正を受け、今後市町村は、児童虐待の発生予防活動に注力することになるでしょう。それ故「児童虐待防止研修会」や「保護者に対するペアレント・トレーニング事業」などのうち、市町村の要請による事業＝具体的には市町村主催事業及びセンターと市の共同開催事業＝については「市町村の求めに応ずる事業」にその実施回数を計上することは可能です。

Q48：要対協に入れて欲しいと、市町村に打診したのですが入れてくれません。どうすればよいのでしょうか？

A：実務者研修で出された質問をここでも取り上げています。稀なケースと思われますが、市町村と十分に話し合うことが必要です。要対協の一員となれるようにしましょう。

　この手引きは、実績報告書に関するQ＆Aです。実際の業務についてはどこの児家センでも頭を悩ませる問題です。お近くの児家センや関係機関にご相談ください。ご自身の児家センが、市町村に求められるために何をしていく必要があるか、日々の活動の中で見つけていきましょう。

Q49：本体施設の長が児家セン所長兼務の場合、所長の相談支援活動を計上して良いですか？

A：本体施設との連携体制強化のため、本来施設職員である者に児家センとの兼務や兼任を命ずる人事ケースは多くあり、これ自体は全く問題ありません。しかし本来、本体施設の施設長や家庭支援専門相談員は、非常勤や兼任配置は認められず、施設での常勤・専任が義務付けられていますので、彼らの活動を児家センの活動実績件数に計上することは適切ではありません。これは里親支援専門相談員と同様です。

Q50：私の児家センでは、本体施設職員（＝グループケア管理宿直等職員や特別指導費、指導員特別加算の対象職員）として週20時間勤務している非常勤

職員を、常勤化（週40時間雇用）し、残りの週20時間分は、児家セン兼務職員として児家セン勤務の時間帯に要支援家庭へのソーシャルワーク業務に従事させています。この場合の活動実績は、どうすればよいのでしょうか？

A：児家センの兼務職員として児家センの支援対象である家庭に対して行ったソーシャルワーク及び支援活動の件数は、児家センの相談支援件数に計上することが可能です。しかし、本体施設職員が本体で行う支援活動を児家センの相談支援件数に計上することはできません。

Q51：統計処理で困った時は誰に聞いたらよいのですか？

A：まずは地区幹事にお聞きください。

　地区幹事でお答えできない時は、地区幹事から副会長（調査研究担当）に問い合わせください。

## おわりに

　子ども家庭支援にかかわる実務者が、新時代を切り拓いていくために必携すべき手引き（ガイドブック）として編まれた本書は、現在、支援の最前線を担っているソーシャルワーカーらの迷いや揺れに応えることはもとよりのこと、今後、社会的養育のベースキャンプ＝児童家庭支援センター等々＝の増設に伴い、新たに支援実務者となりうる人材へのエールを込めての発刊でした。

　それゆえ今回、社会的養育ソーシャルワークの拡充を早くから提唱されてこられた子どもの虹情報研修センターの増沢高研究部長と早稲田大学社会的養育研究所の上鹿度和宏所長に、急遽、特別寄稿をお願いしました。

　"社会的養護施設の人材育成にかかるスペシャリスト"と"家庭養護の人材育成にかかるパイオニア"のお二人からいただいた"（コロナ禍での）食支援"と"フォスタリング"に関するレポートには、"支援を届けるアウトリーチ"の重要性や"一緒に生きてくれる人"の必要性がとても判りやすく述べられており、加えてそれらを担うべき社会的養育人材への大いなる期待も認（したた）められていました。

　また新進気鋭の研究者・実務者らによる最新の論考は、2016年の改正児童福祉法や2017年の新しい社会的養育ビジョンにより、一層重視されることとなった施策等の理論的背景や実践上の課題について、学びを深める契機となったことと確信しています。なおこれらの社会的養育を彩るキーワードに関し、限られた誌面ながらも、それぞれ素晴らしい知見をご披露いただいた各位には、今後、全国に点在する児童家庭支援センターが、本書を羅針盤としながら実践していく社会的養育ソーシャルワークの成果をもって恩返しとさせていただく所存です。

　ところで長らく社会的養護の内実は、外部にはあまり知られることはなく、よしんば情報発信があったとしても、それは悲話や美談といったエピソードとして語られることが大半でした。もちろんエピソードがもたらすインパクトは小さくなく、時にそれは社会現象となり、大きな政策変化をもたらすこともあ

りました。例えば2010（平成22）年のクリスマスの日、群馬県の中央児童相談所へ届けられた10個のランドセルに端を発し、全国津々浦々の社会的養護施設等に燎原の火の如く広がったタイガーマスク現象とその後の諸制度改善の顛末は、その典型かもしれません。

　しかし今後の社会的養育制度・施策の立案シーンでは、個別のエピソードによるアピールだけでは甚だ心許なく、一定の調査・研究・分析を伴ったエビデンスの提示が強く求められてくることは必定です。そのため事態の成り行きや現場の隅々を知悉する支援者と、支援者の抱える苦悩や活動の成果を洞察し、説得力のあるエビデンスにまとめ上げられる研究者との協働は不可欠であり、とりわけ両者の協働実践を紡ぎやすくするための仕組みやフレームワークの開発が緊要となっています。

　そこで、これまで組織と組織を縦横に"つなぎ"、人と人とをやわらかに"むすび"、そしてそのようなネットワーク活動を、（地域社会に）"ひらいて"きた児童家庭支援センターが、支援者と研究者とのパートナーシップを育む役目も担っていければ……と思うところです。

　また事ここに至っては、様々な支援者らが軌を一にして社会的養育へのシフトチェンジを敢行していかなければならないことは明白です。そしてそれにはおそらくは、一施設（センター）や一法人の縄張りを超えた、市区町村域や都道府県域といった広範囲での社会的紐帯が求められてくることでしょう。

　裏を返せば、地域社会全体で子どもを育むという壮大な改革目標は、一施設（センター）の多機能化や高機能化、ましてや一個人の頑張りや能力開発で達成できるものでは決してないということです。もちろん、今日、各施設による自己変革に向けた挑戦は須要です。しかし、その取組が誤って同業者間での過当競争を招き、結果、相互不信や分断を誘発するようになっては正鵠を失することとなるでしょう。

　むしろ多機能化・高機能化が進めば進むほど、近接するリソース同士の一体感を醸成し、統合化（インテグレーション）への熱量を高めていくべきであり、従来の施設種別や守備範囲に拘らない（支援の重なりとしての）"のりしろ"を広げるような動きと、社会資源間でのフレンドリーな結束を一等大切にする協創的な姿勢をこそ歓迎すべきでしょう。なぜなら"施設から地域へ"を志向する今次のパラダイムシフトは、地域社会そのものの変革を企図するソーシャ

ルアクションを前提ないしは素地とするからです。

　その意味で、福岡、大分、栃木、福井等の地において、"施設の内外を問わず""法人の相違を問わず"さらには"官民の立場を問わず"、ひとえに支援を必要とする子ども達のためにと旧来のスキームを超えて集結し、新たなメンバーシップをもって多彩な地域支援＝里親養育支援・家族再統合支援・施設退所児童等への自立支援・地域見守り支援＝に取り組んでいる社会的養育ソーシャルワーカーたちの動向は要注目といえます。

　彼らの"チームワーク"と"ネットワーク"（……我が国伝統の言葉に置き換えれば"団結"と"連帯"）を礎とした挑戦は、今後、児家センをはじめとする社会的養育系のリソースが、各々の地域でソーシャルアクションを巻き起こしていく際のモデルケースとなるでしょう。

　とまれ本書によって、未だ開発途上にある社会的養育ソーシャルワークの領域にあっては、個別のケースワークのみならず、ソーシャルアクションを喚起し、版図を拡大していくことも主要なミッションである旨を敷衍することができたら幸甚です。

　最後に本書を発刊するにあたって、ご多忙にもかかわらず本書の企画に賛同し、ご執筆いただいた皆様に、そして本書の企画時から一緒にご検討いただいた日本評論社の遠藤俊夫さんにこの場を借りて厚く御礼申し上げます。


　　2021年5月10日


編者を代表して
橋本達昌

**執筆者一覧**（執筆順。所属・肩書きは令和3年4月1日現在）

橋本達昌（はしもと たつまさ）＝編著者
　　全国児童家庭支援センター協議会会長、児童家庭支援センター・児童養護施設 一陽
　　統括所長。
増沢　高（ますざわ たかし）
　　子どもの虹情報研修センター研究部長。
上鹿渡和宏（かみかど かずひろ）
　　早稲田大学人間科学学術院教授、社会的養育研究所所長。
亀間妙子（かめま たえこ）＝参考資料作成
　　全国児童家庭支援センター協議会事務局、児童家庭支援センター・児童養護施設 一陽
　　統括次長。
瀧川侑磨（たきかわ ゆうま）＝参考資料作成
　　全国児童家庭支援センター協議会事務局、児童家庭支援センター・児童養護施設 一陽
　　心理療法担当職員。
福井　充（ふくい みつる）
　　福岡市こども未来局こども家庭課係長、早稲田大学社会的養育研究所招聘研究員。
大澤朋子（おおさわ ともこ）
　　実践女子大学生活科学部生活文化学科専任講師。
楢原真也（ならはら しんや）
　　児童養護施設子供の家治療指導担当職員。
畑山麗衣（はたやま れい）
　　NPO法人 Giving Tree 相談員。
野口啓示（のぐち けいじ）
　　福山市立大学教育学部児童教育学科教授。
佐藤まゆみ（さとう まゆみ）
　　淑徳大学短期大学部こども学科教授。
高橋恵里子（たかはし えりこ）
　　日本財団国内事業開発チームチームリーダー。
伊藤嘉余子（いとう かよこ）
　　大阪府立大学地域保健学域教育福祉学類教授。
栄留里美（えいどめ さとみ）
　　大分大学福祉健康科学部社会福祉実践コース専任講師。
堀場純矢（ほりば じゅんや）
　　日本福祉大学社会福祉学部社会福祉学科准教授。
藤井美憲（ふじい よしのり）＝編著者
　　全国児童家庭支援センター協議会顧問。
砂山真喜子（すなやま まきこ）
　　金沢学院短期大学幼児教育学科講師。

●編著者紹介─────────

# 橋本達昌 （はしもと たつまさ）

1966 年生まれ。中央大学法学部法律学科卒業。現在、全国児童家庭支援セン
ター協議会会長。厚生労働省社会保障審議会社会的養育専門委員会委員。
全国家庭養護推進ネットワーク幹事。福井県地方自治研究センター理事。仁
愛大学、仁愛女子短期大学非常勤講師。（NPO）春駒サポーターズ理事長。
NPO えちぜん〔越前市 NPO 中間支援組織〕副代表。越前市要保護児童対
策地域協議会会長。児童家庭支援センター・児童養護施設・子育て支援セン
ター一陽統括所長。
主な著書に『新基本保育シリーズ：子育て支援』中央法規出版（2019 共著）、
『みらい×子どもの福祉ブックス：社会的養護Ⅰ』みらい（2020 年 分担執筆）、
『地域子ども家庭支援の新たなかたち』生活書院（2020 年 編著）などがある。

●編著者紹介─────────

# 藤井美憲 （ふじい よしのり）

1962 年生まれ。明治学院大学社会学部卒業。現在、全国児童家庭支援セン
ター協議会顧問。
（以下は 2021 年 3 月末までの役職）
埼玉県児童福祉施設協議会副会長。加須市いじめ問題対策連絡協議会委員。
児童養護施設愛泉寮施設長、児童家庭支援センター愛泉こども家庭センター
センター長。
主な著書に『地域こども家庭支援の新たなかたち』生活書院（2020 年分担
執筆）、『児童養護の変革』朱鷺書房（1997 年分担執筆）、『子どもの虐待と
援助』ミネルヴァ書房（2002 年分担執筆）、『児童家庭支援センター運営ハ
ンドブック』全国児童家庭支援センター協議会（初版、改定 2 版、改定 3 版
編集）などがある。

社会的養育ソーシャルワークの道標——児童家庭支援センターガイドブック

2021年6月25日　第1版第1刷発行

編著者——橋本達昌・藤井美憲
発行所——株式会社　日本評論社
　　　　　〒170-8474 東京都豊島区南大塚 3-12-4
　　　　　電話03-3987-8621（販売）-8598（編集）　振替00100-3-16
印刷所——港北出版印刷株式会社
製本所——株式会社難波製本
装　幀——駒井佑二